국외한국전적 1-2

러시아와 영국에 있는 한국전적 2
연구편: 자료의 성격과 가치

러시아와 영국에 있는 한국전적 2
연구편: 자료의 성격과 가치

2015년 8월 25일 초판 1쇄 발행
2016년 7월 15일 초판 2쇄 발행

발행 국외소재문화재재단
기획·편집 국외소재문화재재단
필자 유춘동, 허경진, 이혜은, 백진우, 권진옥
사진협조 아델라이다 트로체비치, 아나스타샤 구리예바, 케임브리지대학 도서관, 런던대학 SOAS
주소 04517 서울특별시 중구 통일로 92 에이스타워 12층
전화 02-6902-0756
홈페이지 http://www.overseaschf.or.kr

펴낸곳 도서출판 보고사
주소 10881 경기도 파주시 회동길 337-15 보고사 2층
전화 031-955-9797(대표), 02-922-5120~1(편집부), 02-922-2246(영업부)
팩스 02-922-6990
메일 kanapub3@naver.com / bogosabooks@naver.com
홈페이지 http://www.bogosabooks.co.kr

ISBN 979-11-5516-440-2 93020
정가 15,000원

이 도서의 국립중앙도서관 출판예정도서목록(CIP)은 서지정보유통지원시스템 홈페이지(http://seoji.nl.go.kr)와 국가자료공동목록시스템(http://www.nl.go.kr/kolisnet)에서 이용하실 수 있습니다.(CIP제어번호: CIP2015021598)

국외한국전적 1-2

러시아와 영국에 있는 한국전적 2
연구편: 자료의 성격과 가치

국외소재문화재재단 편

국외소재문화재재단
Overseas Korean Cultural Heritage Foundation

발간사

    국외소재문화재재단은 2013년부터 국외 박물관과 미술관, 도서관 및 개인 소장자를 대상으로 우리 전문가들을 현지에 파견하여 문화재의 현황을 파악하고 조사하는 실태조사 사업을 실시하고 있습니다. 이러한 노력의 일환으로 재단은 2014년 정책연구용역과제를 시행하여 러시아와 영국 소재 한국전적을 조사하였고, 그 결과를 엮어 '국외 한국전적' 총서 3권을 펴내게 되었습니다.

    조사단(책임연구원 유춘동, 선문대 역사문화콘텐츠학과 조교수)은 구한말 해외로 반출된 조선시대 전적 가운데 주한 영국공사였던 윌리엄 애스턴(William George Aston, 1841~1911)의 수집본이 소장된 러시아의 상트페테르부르크 동방학연구소와 영국의 케임브리지대학 도서관 및 상트페테르부르크 국립대학을 중점 조사했습니다. 더불어 조사 과정에서 한국전적이 소장된 것으로 확인된 런던대학 동양아프리카대학(SOAS)도 조사하게 되어 2개국 4기관에서 총 377종 2,029책을 확인하였습니다.

    러시아의 상트페테르부르크 동방학연구소의 소장품은 기왕에 일부 조사된 바 있으나 나머지 3기관은 국외소재 한국문화재 통계에 집계되지 않은 기관으로서 현황파악 및 조사가 필요한 상황이었습니다.

    러시아 상트페테르부르크 국립대학은 러시아에서 가장 오래된 대학으로 1724년에 설립되었고 1890년대부터는 조선주재 외교관 양성을 위해 조선어 교육을 실시하였습니다. 그 때문에 소장본들이 조선어 학습과 밀접한 관계를 가지고 있습니다. 상트페테르부르크 동방학연구소의 전신은 러시아 학술아카데미 동양필사본연구소로 1818년에 아시아박물관 내 연구기관으로 설립되었습니다. 1950년 연구소가 수도인 모스크바로 이동하면서 상트페테르부르크 동방학연구소는 지부가 되어 근대 이전의 중요한 고서들의 보관, 연구를 담당하게 되었습니다. 동방학연구소에는 애스턴과 조선에서 외교 고문으로 활동했던 파울 폰 묄렌도르프(Paul Georg von Möllendorff, 1848~1901)가 수집한 고소설 및 한일관계를 다룬 다수의 책들이 소장되어 있습니다.

영국 케임브리지대학 도서관은 영국 6대 납본(納本) 도서관의 하나로, 일본학 컬렉션으로도 유명합니다. 한국전적은 애스턴 사후 그의 장서 중 일본서를 양도받는 과정에서 일부가 섞여 들어갔던 것으로 보입니다. 런던대학 SOAS는 한국어 또는 한국 미술과 고고학, 법학 등 한국을 주제로 한 도서를 다수 소장하고 있습니다. 대부분이 근현대 자료이며, 남북한 자료가 혼재되어 있다는 것이 특징입니다. SOAS에서는 고소설을 중심으로 전적류 32종 48책을 확인하였습니다. 케임브리지대학 도서관에서는 애스턴의 장서 목록과 함께 한국어를 학습했던 방식을 보여주는 메모지 등의 자료를 새롭게 확인하였습니다. 또한 중국서 혹은 일본서로 잘못 분류되어 있던 한국전적을 찾아내었으며, 미국인 선교사 드류(A. Damer Drew, 1859~1926)가 기증한 초기 성경 관련 자료도 확인할 수 있었습니다.

'국외한국전적' 총서 『러시아와 영국에 있는 한국전적』은 총 3권으로 구성되었습니다. 제1권은 4개 기관에서 조사 완료된 한국전적 총

목록이며 제2권은 현지조사를 바탕으로 한 연구논문집입니다. 마지막 제3권은 애스턴이 수집하여 현재 러시아 상트페테르부르크 동방학연구소에 기증한 『조선설화(Corea Tales)』입니다. 『조선설화』는 흥미로운 11개의 단편들을 묶은 책으로 조선어 교사였던 김재국이 애스턴의 조선어 학습을 위해 제작한 책으로 알려져 있습니다.

충서가 발간되기까지 국내외 많은 분들의 도움이 컸습니다. 유춘동 책임연구원을 비롯하여 조사단의 허경진, 이혜은, 백진우, 권진옥 공동연구원의 노고가 없었다면 이런 귀중한 단행본은 발간될 수 없었을 것입니다. 연구자들이 성실하게 조사에 임하고 보고서 발간 과정에서 최선을 다해 주었기 때문에 순조롭게 짜임새 있는 보고서가 나올 수 있었습니다. 러시아 상트페테르부르크 국립대학과 동방학연구소, 영국의 케임브리지대학 도서관 및 SOAS의 모든 관계자에게도 깊은 감사의 뜻을 전합니다. 특히 러시아의 아델라이다 트로체비치(Adelaida. F. Trotsevich) 교수와 국립대학의 아나스타샤 구리예바(Anastacia. A. Guryeva) 교수의 협조와 배려는 각별했습니다. 마지막으로 2014년 정책연구용역을 총괄한 최영창 조사연구실장을 비롯하여 조사연구실 직원들에게도 감사의 뜻을 표합니다.

이 보고서가 앞으로 국외소재 한국전적에 관심 있는 기관과 개인에게 널리 이용되기를 바랍니다.

2015년 8월
국외소재문화재재단
이사장 안휘준

일러두기

1. 이 단행본은 국외소재문화재재단이 2014년 실태조사 정책연구용역과제로 진행한 '구한말 해외반출 조선시대 전적 현황 조사 연구: 주한 영국공사 애스턴 소장본을 중심으로'(책임연구원 유춘동)의 결과를 국외한국전적 총서로 펴낸 것이다.

2. 총서명은 '러시아와 영국에 있는 한국전적'이며 다음과 같이 총 세 권으로 구성되었다. 1-1 자료편: 목록과 해제, 1-2 연구편: 자료의 성격과 가치, 1-3 애스턴의 조선어 학습서 *Corean Tales*

3. 2014년 실태조사 후에 책임연구원과 공동연구원들은 자료의 성격과 가치를 분석하여 여러 편의 논문을 작성했다. 이 책은 그 결과물을 하나로 묶은 것이다.

4. 제4부 허경진·유춘동의 논문은 본 정책연구용역과제와는 별도로 진행된 연구 결과를 게재한 것이다.

5. 외부 필자의 의견은 재단의 입장과 다를 수 있음을 미리 밝힌다.

차례

제3부
영국 자료의 성격과 가치

유희해劉喜海 장서 필사본 『고려사』의 성격과 의의 [허경진]

영국 케임브리지대학 소장 한국 고전적 자료의 현황과 특색 [백진우]

제4부
기타 국외로 반출된 조선시대 전적의 현황과 문제

구한말~일제강점기,
외국인의 조선전적 수집의 현황과 의미 [허경진·유춘동]

근대 초기에 해외로 반출된 고소설의 문제 [유춘동]

제1부

러시아와 영국 자료의
전반적인 성격과 가치

애스턴이 수집했던
조선시대 전적의 성격과 가치

러시아 상트페테르부르크 국립대학과 동방학연구소

허경진* · 유춘동**

1. 서론

19세기 초반 조선(朝鮮)을 방문했던 외국인들 중에는 우리나라 전적(典籍)의 가치를 일찍부터 인식하고 이를 전문적으로 수집했던 사람들이 많았다. 그 대표적인 예가 프랑스의 외교관이었던 콜랭 드 플랑시(Collin de Plancy, 1853~1922)와 모리스 쿠랑(Maurice Courant, 1865~1935)이다. 두 사람은 우리의 중요한 전적을 수집하였고, 『한국서지』라는 책을 간행하여 세계에 알렸다.[1] 그 결과 외국인들에게 우리나라 전적에 대한 관심을 높였고 수집의 계기를 제공하였다.[2] 이

---

 * 연세대학교 국어국문학과 교수
** 선문대학교 역사문화콘텐츠학과 조교수

[1] 모리스 쿠랑의 『한국서지』는 당시 외국인들로부터 큰 반향을 일으켰다. 이 책은 조선 전적의 가치를 전 세계에 알렸다는 점에서 큰 의미가 있다. 이 책의 한국어 완역본은 모리스 쿠랑 저 · 이희재 역, 『한국서지』, 일조각, 1994이 있다.

로 인하여 우리나라의 전적이 세계 각지로 퍼져 나가게 되었다.

그러나 유독 러시아에 있는 수많은 우리나라의 전적은 총량(總量) 파악에서부터, 어떤 경로를 통해서 수집되었는지, 그리고 어떤 작품 들이 남아있는지가 알려지지 않았다.[3] 무엇보다도 1990년대까지 지 속되었던 냉전 구도로 인하여 자료의 접근이 어려웠기 때문인데, 이 러한 상황은 현재까지도 계속 이어지고 있다. 이곳에 있는 전적들은 해외에 소장된 우리나라의 전적 중에서 큰 의미를 지닌다. 19세기 제정 러시아는 동아시아의 패권을 차지하기 위해 남하정책(南下政策) 을 펼쳤고, 이 과정에서 여러 열강들 사이에서 조선에 대한 우위에 있기 위해 여러 가지로 노력했다. 이를 위하여 외교 수립은 물론, 별도로 탐사대를 조선에 파견하여 사회, 문화, 풍속 등을 집중적으 로 조사했다. 그리고 조선의 중요한 정보를 담고 있는 전적들도 함께

---

2 올리버 에비슨(Oliver R. Avison)의 자서전을 보면 조선에 입국하자마자 플랑시 (Plancy)로부터 조선에 있는 고서(古書) 수집을 제안 받는 내용을 볼 수 있다. 에밀 바라의 경우에도 이 같은 제안을 받았던 것을 볼 수 있다. 이 기록들을 보면 조선에 들어온 외국인들 사이에서 '고서의 수집과 구매'는 붐을 이루었던 것으로 보인다. Oliver R. Avison, 황용수 역, 『고종의 서양인 전의(典醫) 에비슨 박사의 눈에 비친 구한말 40여 년의 풍경』, 대구대학교, 2006.

3 스킬랜드는 1950년에 정리된 O.P.페트로바의 목록을 토대로 동방학연구소에 소장된 전적들을 소개했다. 그리고 몇 종의 문학 자료도 연구되었다. W.E.Skillend, 『Ko daesosol』, University of London, 1968. ; 석주연, 「애스톤 구장본 백련초해(百聯抄 解)」, 『문헌과 해석』7집, 1999. ; 박재연·김영·손지봉, 『슈스유문(隋史遺文)』, 이회, 2004. ; 박재연·김영, 『동유긔(東遊記)』, 이회, 2004. ; 엄순천, 「러시아의 한국문학 연구와 수용 및 문학-문화교류 현황, 분석」, 『한국문학의 해외수용과 연구현황』, 연 대 출판부, 2005. ; 박진완, 「러시아 동방학연구소 애스톤 문고의 한글자료」, 『한국어 학』46, 2010. ; 유춘동, 「방각본『수호지』의 판본과 성격에 대한 연구」, 『열상고전연 구』32, 2010 등이 있다.

수집했다.[4] 이처럼 목적의식을 갖고 전적들을 수집했기 때문에 가장 특색 있는 자료들을 수집하게 된 것이다.

현재 러시아에 한국전적은 모스크바의 국립대학, 국립문서보관소, 외교정책문서보관소, 군사문서보관소, 상트페테르부르크의 국립대학, 동방학연구소, 역사문화보관소 등에 남아있고, 카자흐스탄의 국립도서관에도 소장되어 있다. 이 중에서 조선어 자료와 조선문학 자료를 가장 많이 소장하고 있는 곳은 상트페테르부르크 국립대학과 동방학연구소이다. 국립대학은 제정(帝政) 러시아 때의 황제대학(皇帝大學)으로, 조선으로 파견할 외교관 양성을 목적으로 19세기 말부터 조선어(朝鮮語)를 가르쳤다. 이때, 교육에 필요한 자료를 이미 조선에 파견된 외교관들이 수시로 구매하여 이곳으로 보냈다. 그리고 동방학연구소는 러시아 학술아카데미의 주요 연구기관으로서, 조선어와 조선 문학의 특성을 연구할 목적으로 조선전적을 구매하여 소장하였다. 그 결과 현재 두 기관에는 총 1,827책의 조선전적이 남아있다.

이 전적들의 전수 조사는 국외소재문화재재단의 지원을 받아 진행되었다. 이 글은 이러한 과정에서 얻은 사실과 내용 등을 정리한 것이다. 두 기관에 어떤 과정을 통해 전적이 수집되었는지를 살펴보고, 확인된 자료의 총량, 이 중에서 연구할 가치가 있는 자료에 대하여 차례로 검토하기로 한다.

---

4 한국전쟁 이후에는 북한 자료들을 체계적으로 수집했다.

2. 국립대학과 동방학연구소 소장 조선전적의 수집 과정

2.1. 국립대학의 수집 과정과 경로

국립대학의 조선전적들은 두 가지 경로를 통하여 수집되었다. 19
세기 말부터 이 대학의 전신(前身)인 페테르부르크 황제대학[5]에서 조
선어를 가르치기 시작하면서부터 교육을 위해 수집된 것들과 1880
년에서 1890년대까지 조선에서 근무했던 러시아 외교관들의 기증에
의한 것이다.

이 대학에서의 조선어 교육은 1897년부터 시작되었다.[6] 교육을
위해서 조선어 교과서가 필요했다. 교육은 조선에서 러시아로 파견
된 김병옥(金秉玉)이 맡았다. 그는 자신이 읽었던 고소설 『춘향전』
을 조선어 교재로 활용했다.[7] 이후에 그는 조선의 역사와 문화를 다
룬 책들을 조선에 직접 요청하거나 외교관들을 통해 들여왔다.

현재 조선어 교육용 교재로 확인되는 것은 『춘향전』, 『천자문』,
『전운옥편』, 『토생전』, 『삼국지(권3)』 등의 고소설과 『고려사(高麗
史)』, 『동국사략(東國史略)』과 같은 역사서이다. 아울러 명성황후 시
해사건에 관한 심문 조서인 『개국오백사년팔월사변보고서』처럼 조
선어로 된 책을 러시아어로 번역했던 교재도 확인된다. 교재는 학생

---

5   대학의 명칭은 시대에 따라 변했다. 현재는 러시아 상트페테르부르크 국립대학이
    공식적인 명칭이다.

6   Vasilyev F.G, Rachkov G.E, *On the History of Teaching and Researching the
    Korean Langue at st. Petersburg University*, St Petersburg, 1997.

7   이 책은 동방학연구소에도 소장되어 있다.

사진 1. 러시아 상트페테르부르크 국립대학 정문

숫자만큼 구입했고, 입수된 시기에 따라 각기 다른 인장(印章)이 찍혀져 있다. 그래서 책에 따라 СПбИУ[상트 페테르부르크 황제대학], ПИУ[페트로그라드 황제대학], ЛИЖВЯ[에누키드제 레닌그라드 동양어대학]이라는 인장이 있다.

또 다른 수집 경로는 조선의 파견된 외교관을 통해서였다. 당시 조선 공사를 역임했던 베베르(Karl Ivanovich Wäber), 드미트레프스키(P.A. Dmitrevsky), 스이로마트니코프(Sergii N. Syromiatnikoff) 등이 조선에서 수집한 책들을 이곳에 보냈다.[8] 가장 먼저 베베르의 소장본이 들어왔다. 그는 1892년과 1910년, 두 차례에 걸쳐 기증과 매매

---

8 이 중의 일부는 이후에 동방학연구소로 옮겨지기도 했다.

형식으로 소장본을 넘겼다. 이어서 1908년에 드미트레프스키, 1917
년에 스이로마트니코프의 소장본이 차례로 들어왔다.[9] 베베르와 드
미트레프스키가 수집한 것에는 수집시기와 장서인이 없다. 하지만
스이로마트니코프가 수집한 것에는 이러한 내용이 고스란히 남아
있다.[10]

　이들 외교관들이 주로 수집했던 것은 조선의 정치, 역사, 지리, 풍
습을 담은 책들이다. 베베르와 드미트레프스키는『평양지(平壤志)』,
『송경지(松京誌)』와 같은 지지류(地誌類)를 주로 수집했다. 스이로마
트니코프는 지지류뿐만 아니라 조선과 일본인이 편찬한 조선의 지
도, 역사서인『조선역사(朝鮮歷史)』,『동국사략』,『고려사』등을 수집
했다. 그리고 그는 조선전적들을 수집만 한 것이 아니라 중요하다고
생각한 것은 다시 러시아어로 번역하였다. 이러한 과정을 거쳐서 수
집된 국립대학의 조선전적은 전체 84종 855책이다.[11]

2.2. 동방학연구소의 수집 과정과 경로

　동방학연구소의 조선전적은 세 가지 경로를 통해서 수집되었다.

9　자료를 기증했는지 매매했는지는 아직도 의견이 분분하다. 한편 스이로마트니코프
　　의 소장본은 원래 에누키드제 레닌그라드 동양어연구소에 있다가 이 대학으로 이관
　　되었다고 한다.

10　그의 소장본에는 'ex-libris Sergii N. Syromiatnikoff'라고 쓰인 종이가 덧붙여 있
　　어 구분이 가능하다. 이외에도 다른 외교관들에 의하여 전적들이 수집되었다. 하지
　　만 그들이 누구인지는 현재 알 수가 없다.

11　A.F.트로체비치, 앞의 책.

러시아 국립학술아카데미에서 조선을 연구하기 위하여 구매한 경우, 국립대학에 소장된 자료 일부가 이곳으로 옮겨진 경우, 조선에서 영국공사였던 애스턴과 고종의 외교고문이었던 묄렌도르프의 소장본을 동방학연구소에서 구매한 경우이다.

사진 2. 상트페테르부르크 동방학연구소

동방학연구소의 일부 조선전적들은 「상트페테르부르크 제국대학 도서관에서 입수한 도서목록」 등을 통해서 대략 언제, 어떻게 들어왔는지를 확인할 수 있다. 하지만 대다수의 자료는 불분명한 상황이다. 동방학연구소에서 이러한 일련의 내용을 가장 정확하게 알 수 있는 것이 애스턴과 묄렌도르프가 수집했던 것들이다.

애스턴은 그의 소장본에 언제, 어디서, 어떤 경로를 통해서 책을 입수하였는지를 짤막한 메모 형태로 남겨놓았다. 그는 특이하게 고소설을 많이 수집했는데 그 이유는 다름 아닌 조선어 학습을 위해서였다. 그의 고소설을 보면 한글을 배우기 위해서 얼마나 열심히 공부했는지 알 수 있다. 특히, 방각본 소설을 보면 이러한 사실을 확인할 수 있다. 소설의 행(行)마다 그가 그대로 따라서 쓴 흔적을 볼 수 있다. 또한 애스턴은 심도 있는 조선어 공부를 위해 개인교사도 두었다. 그의 조선어 선생은 김재국으로 그에게 한글뿐만 아니라 조선의 문화, 이야기의 경향을 알려주기 위하여 설화집(說話集)인 『Corean Tales』[12]를 새로 필사해주었다는 내용을 기록해 놓았다.[13] 그가 조선 전적 중에서 가치가 높은 고소설을 전문적으로 수집할 수 있었던 이유는 고소설의 가치를 잘 알았던 조선어 선생이 있었기 때문이다.

생각해볼 점은 조선어 선생이 이런 책들을 어디서 구해왔는가 하는 점이다. 이 책들은 당시 서울에 있었던 세책점에서 구했던 것으로 보인다. 애스턴 소장본이었던 『동유기』, 『보은기우록』, 『현씨양웅쌍린기』, 『쌍천기봉』 등은 현재 종로 근처에 있었던 묘동(廟洞) 세책점에서 구매한 세책본이다.

한편, 묄렌도르프의 소장본도 쉽게 확인된다. 책마다 독특한 그의 필적을 남겨놓았다. 그가 주로 수집했던 것은 경판 방각본 소설이었다. 하지만 애스턴처럼 입수된 경위와 같은 구체적인 기록은 남겨놓지 않았다. 다만 그의 전적은 다른 책과 비교해볼 때 특징이 있다. 현재 우리가 볼 수 있는 방각본 소설의 지질(紙質)과 비교해보면 큰

---

12 원본을 보면 표제가 『조선야담』으로 되어 있다. 이것은 1950년대 동방학연구소에서 자료들을 정리할 때 누군가가 새로 붙인 것이다. 여러 정황을 고려했을 때 D.D.엘리세예프가 제목을 붙였던 것으로 보인다. 이 책에 대한 연구는 A.F.트로체비치에 의해 이루어졌고, 울리아나가 한국에서 다시 소개하였다. 코뱌코바 울리아나, 「애스톤 문고 소장 『Corean Tales』에 대한 고찰」, 『서지학보』 32, 2008.

13 "Corean Tales by KimCheKuk(my Corean teacher) a christian, which will account for the Reinecke Fuchs-story-no doubt introduced by the French missionaries. W. Aston.", "Told not current literary popular style of narrative, but in ordinary colloquial." 이처럼 애스턴은 조선어 선생의 이름과 작품에 대한 평을 남겼다.

종이에 찍었고, 한 번도 읽어본 적이 없는 깨끗한 상태라는 점이다. 이것은 아마도 방각본 소설을 전문적으로 팔았던 책사(册舍)나 세책점 등에서, 막 찍어냈던 것을 바로 구매했거나 그가 알고 있던 조선사람으로부터 따로 선물을 받았기 때문인 것으로 보인다.[14] 이러한 경로를 통하여 수집된 동방학연구소의 전적은 총 176종 972책이다.

3. 국립대학과 동방학연구소 소장 조선전적의 현황과 가치

3.1. 국립대학 소장 조선전적의 현황과 가치

앞서 국립대학의 조선전적들은 총 84종 855책임을 밝혔다.[15] 전적들은 『고려사』, 『여사제강(麗史提綱)』, 『동국사략』, 『난초(爛抄)』와 같은 역사서, 『군대내무서목차』와 『개국오백사년팔월사변보고서』와 같은 공문서 및 조사보고서, 『대전회통(大典會通)』, 『대명률(大明律)』, 『전율통보(典律通補)』, 『육전조례(六典條例)』와 같은 조선의 민형법서(民刑法書), 『원행을묘정리의궤(園幸乙卯整理儀軌)』, 『진찬의궤(進饌儀軌)』와 같은 의궤 및 왕실사료, 『평양지』, 『송경지』와 같은 지도류,

---

14 해외에 있는 방각본 소설의 경우, 한 번도 펼쳐보지 않은 것처럼 처음 찍어낸 상태의 본들이 많고 판형이 큰(인쇄된 종이가 크다)것들이 많다. 이는 막 인쇄된 것을 구입했거나 이러한 책들만 골라서 누군가에게 선물을 주었던 것으로 보인다. 이 과정에서 선물용으로 사용하기 위해 특별히 큰 종이를 가져다주어 찍게 했을 가능성이 있다. 앞으로 이에 대한 세밀한 연구가 필요하다.

15 A.F.트로체비치, 앞의 책.

『편주의학입문내집(編註醫學入門內集)』과 같은 의서(醫書), 『천자문(千字文)』, 『전운옥편(全韻玉篇)』, 『유합(類合)』과 같은 사전 및 한자학습서, 『중간노걸대(重刊老乞大)』, 『박통사신석언해(朴通事新釋諺解)』, 『맹자언해(孟子諺解)』와 같은 역학서(譯學書) 및 언해본, 그리고 문학서로는 『동문선(東文選)』, 『대동패림(大東稗林)』, 고소설인 『설인귀전』, 『토생전』, 『숙영낭자전』, 『삼국지』, 『몽옥쌍봉연』 등이다. 국립대학에서는 이 책들을 I~XII, 12개 항목으로 구분해 놓았다.[16] 이 중에서 자료적 가치가 높은 것들은 대략 40여 종이다.

〈표 1〉 국립대학 소장 주요 한국전적

번호	성격	제명	청구기호	서지사항
1	역사서	고려사	Xyl. 1869	137권 81책(목차포함)
2		고려사	Xyl. 1869a	137권 67책(목차포함)
3		여사제강	Xyl. 1860	23권 13책
4		동국사략	Xyl. 1829	6권 3책
5		동국사략	Xyl. 1857	6권 4책
6		조선역사	Xyl. 1850	1책
7		소화외사	Xyl. 1879	12권 6책
8	공문서 및 조사 보고서	군대내무서목차	Kor. 7	1책
9		개국오백사년팔월사변보고서	Kor. 12	1책

---

16 A.F.트로체비치는 조선전적들을 I. Works of History, II. System of Administration (Civil and Military), III. Legislation, IV. Rituals, V. Collections of Documents, VI. Confucian, Taoist and Christian Teachings in Popular Expositions, VII. Geography. Maps, VIII. Medical Works, IX. Literature (Belles-lettres, Fiction), X. Encyclopaedias, XI. Manuals, XII. Miscellanea, List of Reference Books로 구분했다.

번호	성격	제명	청구기호	서지사항
10	민형법서	대전회통	Xyl. F-119	6권 5책
11		전율통보	Xyl. 1875	7권 6책
12		대명률	Xyl. 1862	30권 3책
13		육전조례	Xyl. 1872	10권 10책
14		육전조례	Xyl. 1872a	10권 10책
15	의궤 및 왕실사료	원행을묘정리의궤	Xyl. F132	5권 4책(권1. 缺本)
16		진찬의궤	Xyl. 1865	3권 3책
17		난초	Xyl. 1871	24권 12책
18		난초	Xyl. 1871a	24권 12책
19	지도류	평양지	Xyl. 1877	9권 10책
20		송경지	Xyl. 1880	6권 2책
21		지고	Kor. 1(KIV7)	1책
22		조선지지전	Kor. 4(KIV2)	1책
23		대조선예지전도	Xyl. 1830	1책(10장)
24	의서	편주의학입문내집	Xyl. F-121	7권 19책
25	사전 및 한자 학습서	천자문	Kor. 13(Xyl. 1852)	1책(32장본)
26		천자문	Xyl. 2015	1책
27		천자문	Xyl. 2553	1책(17장본)
28		전운옥편	Kor. 14(Xyl. 1851)	2권 2책
29		유합	Xyl. 2016	1책(22장본)
30	문학류	동문선	Xyl. 1867	54권 151책
31		대동야승	Xyl. 1891	72권 72책
32		설인귀전	Kor. 15(Xyl. 1857)	1책(40장본)
33		토생전	Kor. 16(Xyl. 1853)	1책(16장본)
34		숙영낭자전	Kor. 17(Xyl. 2551)	1책(16장본)
35		삼국지	Kor. 18(Xyl. 1854)	1책(권3. 20장본)
36		몽옥쌍봉연	Kor. 19(Xyl. 1879)	4권 4책(缺本)

번호	성격	제명	청구기호	서지사항
37	역학서 및 언해본	중간노걸대	Xyl. 1885	1책
38		중간노걸대	Xyl. 1886	1책
39		박통사신석언해	Xyl. 1883	3권 3책
40		맹자언해	Kor. 6	14권 7책

이 책들 중에서도 가장 중요한 것은 『개국오백사년팔월사변보고서』와 같은 조사보고서, 조선어 교육용 교재로 쓰였던 『천자문』, 『전운옥편』, 『유합』 등의 한자학습서, 『토생전』, 『삼국지(권3)』 등의 고소설이다.

원래 『개국오백사년팔월사변보고서』는 명성황후 시해사건에 관한 심문 조서로 1895년 고등재판소에서 활판본으로 간행한 것이다. 국내에도 이 책은 여러 곳에서 소장하고 있어서 쉽게 볼 수 있다. 하지만 눈여겨 볼 점은 러시아에서는 이 책을 다시 러시아어로 번역하여 교재로 사용했다는 점이다. 이 책을 통해서 조선어도 배우고 외교관으로서 꼭 알아야 할 조선의 정치, 행정, 사법 체계 전반에 대한 지식을 배웠다.

조선어를 배우기 위해 고소설을 교육용 교재로 사용했던 예는 일본에서부터 시작되었다.[17] 러시아도 이러한 일본의 전례를 그대로 따랐다. 교육을 위해 공식적으로 사용했던 고소설은 『춘향전』, 『토

---

[17] 허경진, 「고소설 필사자 하시모토 쇼요시의 행적」, 『동방학지』 112, 연세대 국학연구원, 2001. : 정병설, 「18·19세기 일본인의 조선소설 공부와 조선관 : 〈최충전〉과 〈임경업전〉을 중심으로」, 『한국문화』 35, 규장각한국학연구소, 2005 등에서 이 문제를 다루었다.

생전』, 『삼국지(권3)』이다. 하지만 이곳에는 『설인귀전』, 『숙영낭자
전』, 『몽옥雙봉연』 등도 확인된다. 이 고소설 또한 교육용으로 사용
했던 것으로 보인다. 단순히 몇 종의 고소설을 선택하여 선별적으로
읽혔던 것이 아니라 조선에서 유행했던 고소설 대부분을 국립대학
에 들여와 읽혔던 것으로 보인다. 한편, 이 소설들은 이본(異本)으로
서의 가치가 높다. 『춘향전』은 조선인 교사 김병옥 자신이 알고 있던
소설의 내용을 각색해서 만든 것이다. 『설인귀전』은 또한 현재 국내
에는 없는 유일본이다.[18]

국립대학에 수집된 전적을 보면 조선어 교육이나 외교관 양성과
밀접한 관계가 있다. 이곳이 러시아 최초의 조선어 교육 기관이었고
그 목적이 유능한 외교관을 길러내기 위함이었다는 점을 생각해본
다면 이러한 경향은 당연한 것이다. 차후 국립대학에서의 조선어 교
육의 성과는 무엇이었는지 등을 구체적으로 살펴볼 필요가 있다. 아
울러 조선어 교육을 위하여 활용했던 고소설은 어떤 특성을 지니고
있는지에 대한 검토가 요구된다.

3.2. 동방학연구소 소장 조선전적의 현황과 가치

동방학연구소에 소장된 전적은 총 176종 972책이다. 이곳의 전적
은 국립대학에 소장된 것들과 중복된 것들도 있고, 이곳에만 있는
것도 많다. 동방학연구소에 소장된 조선전적의 가장 큰 특징은 조선

---

18 이창헌, 「방각소설 출판과 관련된 몇 가지 문제」, 『고전문학연구』 35, 2009.

과 일본과의 관계를 다룬 책이 많고, 애스턴과 묄렌도르프가 수집한
고소설을 소장하고 있다는 점이다. 중요한 자료들을 〈표 2〉로 정리
하면 다음과 같다.

〈표 2〉 동방학연구소 소장 주요 한국전적

번호	성격	제명	청구기호	서지사항
1	역사서 및 야사	삼국사기	D1	영인본(影印本)
2		삼국유사	A4	영인본(影印本)
3		동국통감	D28	56책
4		조야기문	C62	5책
5		헌종기사	B28	3책
6		해동사	D4	1책
7		조선사략	C22	2책
8		동사회강	D4	10책
9	지지류와 읍지	평양지	D31	2책
10		평양속지	D32	4책
11		동래읍지	D78	1책
12	왕실사료	선원세계	D41	1책
13		선원계보기략	D42	7책
14		선원계보기략	D43	1책
15		진찬의궤총목	D67	3책
16	역학서 및 언해본	상례초언해종	A1	1책
17		화어유초	C7	1책
18		역가필비	C56	2책
19	임진왜란 관련 자료	이충무공전서	D47	8책
20		서애집	D53	10책
21		징비록	C65	4책

번호	성격	제명	청구기호	서지사항
22	일본에서 간행된 조선 관련서적	교린수지	C31	1책
23		표민대화	C67	1책
24		고려진일기	B12	4책
25		정한위략	B11	5책
26		회본조선군기	B10	10책
27		회본조선정벌기	B13	20책
28		조선물어	B14	1책
29	필담집	왜한창수집	C27	1책
30		계림창화속집	C29	10책
31		상한훈지집	C24	10책
32		선린풍아	C28	2책
33		선린풍아 후편	C30	2책
34		선사필담	C25	1책
35		왜한의담	C26	1책
36	설화집 및 고소설 (필사본)	Corean Tales	C13	1책(洋裝)
37		동유기	C4	4권 4책(落帙)
38		보은기우록	C17	18권 18책
39		설원	B34	1책
40		수사유문	C15	12권 12책
41		최충전	B3	1책(일본에서 간행)
42		하진양문록	D14	25권 25책
43		화정선행록	C36	15권 15책
44		현씨양웅쌍린기	D16	6권 6책
45		쌍천기봉	C2	22권 22책
46		(표지 및 제목 미상)	미분류	4책
47	고소설 (방각본)	숙영낭자전	B2-Ⅰ1	1권 1책(28장본)
48		소대성전	B2-Ⅰ2	1권 1책(36장본)
49		조웅전	B2-Ⅰ3	1권 1책(31장본)
50		심청전	B2-Ⅰ4	1권 1책(26장본)

번호	성격	제명	청구기호	서지사항
51		금방울전	B2-Ⅰ4	1권 1책(28장본)
52		임장군전	B2-Ⅱ1	1권 1책(27장본)
53		적성의전	B2-Ⅱ2	1권 1책(31장본)
54		장풍운전	B2-Ⅱ3	1권 1책(31장본)
55		구운몽	B3-Ⅲ3	1권 1책(32장본)
56		진대방전	B3-Ⅲ4	1권 1책(28장본)
57		용문전	B3-Ⅲ5	1권 1책(25장본)
58		양풍전	B3-Ⅳ1	1권 1책(25장본)
59		백학선전	B3-Ⅳ2	1권 1책(24장본)
60		숙향전	B3-Ⅳ4	2권 2책(33, 30장본)
61		임진록	B3-Ⅴ1	3권 3책(각 28장본)
62		설인귀전	B3-Ⅴ2	1권 1책(30장본)
63		장화홍련전	B3-Ⅴ3	1권 1책(28장본)
64		흥부전	B3-Ⅵ1	1권 1책(25장본)
65	고소설	춘향전	B3-Ⅵ2	1권 1책(30장본)
66	(방각본)	당태종전	B3-Ⅵ3	1권 1책(26장본)
67		옥주호연	B3-Ⅵ4	1권 1책(29장본)
68		신미록	B3-Ⅶ1	1권 1책(32장본)
69		삼설기	B3-Ⅶ2	권2(26장본)
70		삼설기	B3-Ⅶ3	권3(26장본)
71		소대성전	D82	1권 1책(24장본)
72		진대방전	D83	1권 1책(18장본)
73		장경전	D84	1권 1책(35장본)
74		심청전	D85	1권 1책(24장본)
75		삼설기	D86	권2(26장본)
76		홍길동전	D87	1권 1책(24장본)
77		조웅전	D88	1권 1책(20장본)
78		흥부전	D89	1권 1책(25장본)
79		양풍전	D90	1권 1책(24장본)
80		적성의전	D91	1권 1책(23장본)

동방학연구소에 소장된 조선전적은 다양한데, 이 가운데 조선과 외국과의 관계를 다룬 책들이 많다. 이중에서 특히 중요한 것은 조선과 일본에 관계를 다룬 책들이다. 『이충무공전서(李忠武公全書)』나 『서애집(西厓集)』, 『징비록(懲毖錄)』, 『임진록』 등은 임진왜란에 관련된 책들이며, 『동래읍지(東萊邑誌)』는 왜관(倭館)에 대한 책이다. 『교린수지(交隣須知)』는 18세기부터 19세기까지 일본에서 배우던 조선어 회화책이고, 『표민대화(漂民對話)』는 일본에 표류해온 조선 어부와 상인들이 일본 전어관(傳語官)과 주고받은 대화집이다. 당시 러시아 외교관들이 조선을 어떻게 접근할 것인가를 연구하기 위해, 가장 오랫동안 조선을 접촉해온 일본의 방식을 알아보려고 이 책들을 구입했던 것으로 보인다.

아울러 일본에서 출판되었던 『고려진일기』, 『정한위략』, 『회본조선군기』, 『회본조선정벌기』, 『조선물어』, 『최충전』 등도 수집했다. 이 책들은 일본이 조선을 침략한 이야기를 기록한 책들로 일본 문부성에서 간행된 것들이다. 러시아 외교관들은 이러한 책을 통해서 자신들도 어떻게 조선을 침략할 것인지도 연구했을 것이다. 그리고 중요한 것은 조선통신사를 따라 일본을 방문했던 조선의 문사들이 일본 지식인들과 주고받은 필담집(筆談集)도 소장하고 있다. 『왜한창수집』, 『계림창화속집』, 『상한훈지집』, 『선린풍아』, 『선린풍아 후편』, 『선사필담』, 『왜한의담』 등의 필담집 7종이 소장되어 있다. 이 책들을 수집한 목적도 앞서 살펴보았던 것과 같은 맥락에서인 것으로 보인다.

그리고 이곳의 중요한 자료는 애스턴과 묄렌도르프가 수집했던 고소설이다. 〈표 2〉에서 제시한 47번부터 70번까지가 애스턴이 수집했던 것이고, 이후 71번에서 80번까지가 묄렌도르프의 것이다. 애스턴 소장본의 특징은 방각본 소설과 같이 단권(單卷)인 경우에는 여러 권을 한데 묶어서 양장제본(洋裝製本)을 따로 해놓았다는 것이 장편소설일 경우에는 분량이 많아서인지 '英國 阿須頓 藏書'라는 인장(印章)만 찍어놓았다. 각 책에는 소장하게 된 경위, 작품에 대한 짤막한 소감 등을 남겨두었다.

이 중에서 이본으로서 가치가 높은 것은 『Corean Tales』와 『설원』, 『조웅전』, 『임진록』, 『숙향전』, 『수호전』 등 여러 종의 방각본과 세책본이다. 『Corean Tales』와 『설원』은 그의 조선어 교사 김재국이 애스턴을 위해 본인이 직접 필사해 준 설화집이다. 이 이야기는 당시 유행하던 이야기를 필사한 것이다.[19] 이 책은 작품 자체로도 중요하지만 정동(貞洞) 주변의 생활상, 외교관들에게 협력했던 조선어 교사들의 행적, 그리고 설화집이 만들어진 생성 과정과 원천(源泉) 등을 밝히는데 대단히 중요하다.

『조웅전』은 전체 31장본으로 이전까지 소개되지 않은 자료이다. 30장본의 생성 과정과 축약 양상, 경판 『조웅전』의 간행 양상을 새로운 시각에서 설명해 줄 수 있다는 점에서 의미가 있다. 『임진록』은 상중하 3권3책, 각각 28장본으로 되어 있다. 하권은 권수제가 '임진녹 권지삼종'이며 전체 28장으로 현재까지 소개된 바가 없는

---

19 A.F.트로체비치나 러시아의 이전 연구자들은 이 책을 김재국이 창작한 것으로 보고 있다. 하지만 필자의 견해는 이와는 다르다. 이에 대한 연구는 차후 과제로 넘긴다.

본이다. 이 판본 또한 경판본『임진록』의 간행 양상을 새로 규명해
볼 수 있다는 점에서 중요하다. 그리고『숙향전』과『수호전』의 경우
에는 각 작품에서 처음 간행된 방각본이다. 〈2권2책〉으로 처음 만
들어진 방각본 소설이 어떻게 분권(分卷)되고 변모되었는지를 살필
수 있는 중요한 것이다.[20]『동유기』,『보은기우록』,『현씨양웅쌍린
기』,『쌍천기봉』등은 모두 세책본으로, 묘동(廟洞) 세책점에서 구매
한 것이다. 묘동 세책점의 존재, 다른 세책본과의 관계, 세책본에
남아있는 낙서를 통하여 세책점의 실상을 확인시켜주는 중요한 자
료이다.

　지금까지 동방학연구소에 소장된 중요한 전적을 간략히 살펴보았
다. 이곳에 소장된 전적은 국립대학과 비교해보면 차별성이 보인다.
조선을 이해하기 위하여 오랫동안 조선을 접촉해온 일본의 방식을
파악하고자 조선에서 간행된 일본 관련 자료는 물론이고, 일본에서
간행된 관련 전적들을 구매하거나 수집했다. 그리고 국립대학의 경
우와 마찬가지로 고소설을 통하여 다양한 조선의 문화, 조선인의 삶
을 규명이나 이해하려 했던 것으로 보인다.[21]

---

20 참고로『숙향전』〈2권 2책본〉은 서강대 로욜라도서관에, 『수호지』〈2권 2책본〉은
　프랑스 파리 동양어대학, 일본 도쿄대학 등에 소장되어 있다. 이 본들은 모두 러시아
　본과 동일한 판본이다.
21 동방학연구소에 소장된 자료는 현지에서 정리가 미비한 점이 많아 앞으로 추가 작업
　을 통하여 새로운 자료가 발굴될 가능성이 높다.

4. 마무리와 과제

이 글에서는 러시아 상트페테르부르크 국립대학과 동방학연구소 소장 한국전적 부분을 살펴보았다. 이 자료들은 조선어 교육을 위해 수집되었고, 수집 과정에서부터 철저한 계획과 활용 방안, 연구 등을 염두에 두었던 것이다. 아울러 애스턴의 소장본 중에서 조선시대 전적만 따로 구매했음을 알 수 있다.

이 글은 러시아에 소장된 전적 전체를 개관하는 데 초점을 두었기 때문에 애스턴 소장본의 특성, 기타 영국 케임브리지대학에 소장되어 있는 애스턴 자료와의 관계 등을 다루지 못했다. 앞으로 이 글에서 다루지 못했던 영국 케임브리지대학, 런던대학 SOAS 소장 한국전적에 대한 폭넓은 연구가 필요하다. 이러한 논의는 차후 과제로 넘긴다.

제2부
러시아 자료의 성격과 가치

구한말 러시아의 한국고서 수집 양상

러시아 상트페테르부르크 국립대학과 동방학연구소 소장본을 중심으로

이혜은*

1. 서론

해외에 소장된 한국고서에 대한 조사와 연구는 1980년대부터 국내 여러 학회와 기관에서 본격적으로 진행하여 많은 성과가 있었다.[1] 그러나 러시아의 경우 1917년 사회주의 국가가 성립되고 1991년 소비에트 연방이 붕괴되기까지 소장된 자료에 대한 접근이 쉽지 않은 지역 중의 하나였다.[2] 이러한 상황에도 불구하고 제정(帝政) 러시아의 수도였던 상트페테르부르크에 소장된 자료들은 러시아와 한국의 일부 연구자들에 의해 소개되었고 이에 대한 연구가 진행되어 왔다.[3]

* 숙명여자대학교 겸임교수

1 국립중앙도서관, 『국외소재 한국 고문헌 수집 성과와 과제』, 2011, 74쪽.
2 김현택, 「러시아에서 한국학 연구의 역사와 현재 상황」, 『러시아지역연구』 3, 1999, 2쪽.
3 이에 대한 성과는 참고문헌에 기록하였다. 한편, 모스크바 소재 러시아국립도서관

하지만 자료 열람에 대한 허가를 얻기 위하여 상당한 인내와 절차를
필요로 하는 이들 기관의 상황으로 자료 전체에 대한 상세하고 포괄
적인 조사가 이루어지기 보다는 일부 자료들에 국한되는 경우도 많
았고 특히 조사된 자료들은 문학류가 상당수를 차지하여 한국고서
의 규모와 성격을 파악하기에는 아쉬움이 많이 있었다. 이러한 상황
에서 러시아 상트페테르부르크 국립대학과 동방학연구소 두 곳에
소장된 한국고서를 전수 조사한 것은 매우 의의 있는 일이며 이 논문
에서는 이 조사 결과를 토대로 구한말 러시아의 한국고서 수집의 상
황을 파악하고자 한다.

2. 상트페테르부르크 국립대학과 동방학연구소의
   역사적 배경

상트페테르부르크 국립대학(Saint Petersburg State University, Санкт
-Петербургский государственный университет)은 러시아에서 가장 역사가
깊은 국립대학교로 1724년 표트르 대제(Peter the Great, 1672~1725)에
의해 설립된 상트페테르부르크 과학아카데미(Saint Petersburg Academy
of Sciences)가 대학의 모체이다. 그러나 적어도 1803년 이전에 상트
페테르부르크 과학아카데미는 해체되었고 1804년 페테르부르크 교

(Russian State Library) 소장 한국고서는 2013년 국립중앙도서관에서 중국고서로
분류되어 있던 80책을 확인하고 디지털화하여 공개하고 있다.

육연구소(Petersburg Pedagogical Institute)가 설립되고 이후 1819년에 교육연구소를 포함한 상트페테르부르크 대학교가 설립된다. 1821년에는 대학의 이름이 Saint Petersburg Imperial University로 변경되고 1914년에는 Petrograd Imperial University, 1918년 Petrograd State University로 그리고 1924년 Leningrad State University로 여러 차례 학교 이름이 변경된다. 현재의 상트페테르부르크 국립대학의 명칭을 갖게 된 것은 구 소련의 붕괴 후인 1991년이다.[4]

한편 한국고서가 보관되어 있는 대학도서관은 예카테리나 2세(Catherine the Great, 1729~1796)가 1,100권의 책을 기증한 1783년을 그 시작으로 본다. 초기 도서관 장서는 주로 개인적인 기증에 의하여 형성되어졌으며 현재 도서관 총장서는 690만권, 그 중 인큐내뷸라(incunabula)를 포함한 15세기부터 20세기까지의 희귀본도 10만책이며 특히 동양의 사본은 5만책에 이른다.[5] 특히 상트페테르부르크 국립대학 동방학부(Faculty of Asian and African Studies)[6]는 동양 자료 수집의 중심적 역할을 한 곳이다. 상트페테르부르크 국립대학에서는 1818년부터 페르시아어와 아랍어를 가르치기 시작하였고 1854년 10월 니콜라이 1세(Nicholas I, 1796~1855)는 동양어학부(Faculty of Oriental Languages)의 설립에 대한 칙령을 내린다.[7] 이후 1897년에는 한국어

---

4 http://en.wikipedia.org/wiki/Saint_Petersburg_State_University [cited 2015.7.1]

5 http://eng.spbu.ru/library/ [cited 2015.7.1]

6 상트페테르부르크대학교 Faculty of Asian and African Studies의 한국어 표기를 따랐다.

7 http://en.orient.spbu.ru/department/about/ [cited 2015.7.1]

강좌가 정식으로 설치된다. 러시아에서 한국어 강좌는 당시 상트페테르부르크 주재 한국 공사관 직원이었던 민경식과 니콜라이 2세(Nicholas II, 1868~1918, 재위 1894~1917)의 즉위식에 통역관으로 참석했던 김병옥(金秉玉) 등에 의하여 시작되었는데 이는 유럽 최초의 공식적인 한국어 강좌로도 기록되고 있다. 한국어 교육은 러시아혁명이 일어났던 1917년까지 이루어졌다.[8]

러시아에서 동양의 책을 처음으로 수집한 곳은 표트르 대제 인류학 민족학박물관(Kunstkamera of Peter the Great)으로 1714년에 시작되었다. 표트르 대제는 동양을 공부하기 위하여 아카데미를 설립하였고 재임 시기에 중국, 몽골, 티베트의 자료들을 수집한다. 18세기에는 러시아 외교관이나 상인들과 해외에 나가는 사람들에게 동양어 책을 사오도록 지속적으로 주문한다. 1724년 표트르 대제 인류학 민족학박물관의 도서관은 러시아 과학아카데미와 합병하게 된다. 1818년 러시아 과학아카데미는 프랑스 영사로부터 700점의 무슬림 필사본 컬렉션을 구입하게 되는데[9] 이를 계기로 아시아 박물관이 설립되고 동양 여러 국가에 대한 학문적인 연구가 활발하게 진행된다.

8　장호종, 「러시아 한국학의 전개 및 발전 양상」, 『한중인문학연구』 17, 2006, 350~351쪽.
　유.게. 스메르틴·이종원, 「제정 러시아 시대의 한국학 연구와 교육의 연관성」, 『교육학논총』 30(2), 2009, 83쪽.
　김병옥과 한국어강좌에 대한 내용은 홍지인, 「러시아제국의 한국어 교육에 관하여」, 『Acta Russiana』 2, 2010, 137~139쪽.

9　Popova, Irina F. History of the Institute of Oriental Manuscripts. http://www.orientalstudies.ru/eng/index.php?option=com_content&task=view&id=46&Itemid=82 [cited 2015.7.1]

1930년에는 이 박물관을 기초로 소련 과학아카데미 산하로 동양학
연구소(Institute of Oriental Studies)가 설립된다. 그 후 1950년 이 기관
은 모스크바로 옮겨지고 동양학연구소 레닌그라드 지부(Leningrad
Branch of the Institute of Oriental Studies)가 되지만 자료는 그대로 보관
하게 된다. 2007년 상트페테르부르크 지부는 동양학연구소(Institute
of Oriental Studies)와 분리되어 독립 연구소가 되며 2009년 The
Institute of Oriental Manuscripts (IOM) of the Russian Academy
of Sciences(RAS; Институт восточных рукописей Российской академии наук)
로 기관명을 변경하게 된다.[10] 번역하면 러시아 과학아카데미 소속
동양필사본연구소 정도가 될 것이지만 여기서는 이미 많은 선행연
구에서 사용한 바와 같이 상트페테르부르크 동방학연구소로 지칭하
기로 한다.

두 기관의 설립과 역사적 배경을 살펴본 바와 같이 상트페테르부
르크 국립대학 동방학부는 그 시작부터 외국어 교육에 중점을 두었
다. 당시 외국어 교육은 결과적으로 외교관 양성이라는 목표를 염두
에 둔 만큼[11] 해당 국가의 역사와 사회현황에 대한 교육의 필요성이
대두되었고 이를 위한 자료의 수집에도 관심을 기울였을 것이다. 한
편 상트페테르부르크 동방학연구소는 동양의 문화를 연구하는 것에
그 설립의 역사적 배경이 있는 것을 확인하였다. 다만 이와 같은 관

---

10 http://en.wikipedia.org/wiki/Institute_of_Oriental_Manuscripts_of_the_
   Russian_Academy_of_Sciences [cited 2015.7.1]
11 이와 유사한 사례는 프랑스동양어학교에서 찾아볼 수 있다.

심은 비단 '조선'이라는 대상에 한정된 것은 아니었고 그 범위가 광
범위했다는 사실을 확인할 수 있었다.

3. 한국고서의 보존현황

상트페테르부르크 국립대학의 한국고서의 청구기호는 'Xyl.1869'
혹은 'Kor.7'과 같은 형태로 표시되어 있다. Xyl.은 xylography의 약
자인데 일반적으로 수집본에 이 기호를 사용하였다고 한다.[12] 그러나
필사본의 경우에도 동일한 기호를 사용하고 있으며 복본의 경우 혹은
동일 서명의 경우 청구기호의 끝에 'a'를 붙여 사용하고 있다. 또한
1996년부터는 'Kor'을 청구기호에 사용하기 시작하였다. 상트페테르
부르크 국립대학 도서관에 소장되어 있는 한국고서는 총 84종 847책
으로 확인되었다.[13] 그러나『춘향전』,『토생전』,『삼국지(권3)』,『설인
귀전』,『숙영낭자전』등 교육용 교재로 사용되었던 고전소설 5종은
각각 10부씩 구입하여 소장되어 있어서[14] 실제로 물리적인 종책수는
모두 84종 983책으로 계산할 수 있다.

상트페테르부르크 국립대학의 한국고서는 서지데이터베이스는

---

12 상트페테르부르크 도서관 직원 인터뷰. 2014.7.2.
13 이혜은의 결과는 조사단의 조사결과와 차이가 있다. 조사단의 최종 결과는 다음과
   같다. 국립대학 84종 855책, 동방학연구소 176종 972책, 케임브리지대학 85종 153
   책, SOAS 32종 49책, 총 377종 2,029책이다.
14 이는 앞서 언급한 김병옥 등의 한국어 교육 교재로 구입되어진 것으로 학생수에 맞춰
   복본 10부가 각각 소장되어 있다.

구축되어 있지 않았고 포갑도 제작되어 있지 않았다. 그러나 보존상
태는 전반적으로 양호한 편이다. 자료열람은 방문에 대한 사전허락
을 얻은 후 1인당 3종까지 신청할 수 있으며 반납 후 재신청이 가능
하였다. 자료의 촬영은 금지되었으며 열람실은 CCTV가 설치되어
있어 열람 상황을 확인하고 있었다.

한편, 동방학연구소에 소장된 한국고서는 모두 200종 958책이었
다. 동방학연구소 소장본 중에는『소대성전』같은 고전소설류[15]를
몇 권씩 제본하여『Collection of Korean books』라는 타이틀을 붙인
자료가 있다. 모두 30종 33책이 포함되어 있으며 양장본의 형태로는
7책이다. 이 논문에서는 수집된 자료의 내용파악을 위하여 이를 풀
어서 200종으로 산정하기로 하였다. 이들『Collection of Korean
books』에 포함된 소설들은 모두 원 표지가 제거되고 양장으로 제본
되어 있는데 이는 영국 국립도서관의 사토(Ernest Mason Satow, 1843~
1929) 소장본과도 동일한 형태로서 자료 수집에 대한 교류가 있었던
애스턴(Aston)과 사토가 자료 관리에 대한 교류도 있었음을 추정해
볼 수 있는 부분이기도 하다. 동방학연구소의 한국고서의 보존상태
는 양호한 편이나『차자등록(箚子謄錄)』의 경우 보존처리의 필요가
있는 자료이며『한어훈몽(韓語訓蒙)』,『표민대화(漂民對話)』두 자료
는 한국국제교류재단의 지원으로 보존상자가 제작되어 보관되고 있
었다. 이조원(李肇源, 1758~1832)의 친필 서간의 경우 피봉(皮封)까지
잘 보존되어 있었다.

---

15 B2-Ⅲ(1) 계몽편언해, B2-Ⅲ(2) 언간독을 제외한 자료가 소설류이다.

동방학연구소에는 자료수집 당시 제작된 것으로 보이는 카드목록을 사용하고 있는데 보다 많은 자료 확보를 위하여 이 카드 목록함을 전수 조사하였다.[16] 그 결과 『조선어독본(K34, 1913)』, 『옥루몽(K36, 1933)』, 『홍길동전(K245, 1926)』, 『제마무전(K246, 1925)』, 『금방울전(K247, 1925)』, 『춘향전(K248, 1923)』, 『장화홍련전(K249, 1925)』, 『소대성전(K293, 1925)』의 자료를 새롭게 확인할 수 있었다. 이 자료들의

---

[16] 조사의 기본 서지도구로 아델라이다 트로체비치(Adelaida F. Trotsevich) 교수와 아나스타샤 구리예바(Anastasia A. Guryeva) 교수가 러시아어로 발간한 Description of Manuscripts and Block-prints of Korean Traditional Culture. Part I: Korean Manuscripts and Block-prints Included in the Collection of Chinese Block-prints in Keeping of the Library of the Faculty for Oriental Studies, St. Petersburg State University [Описание письменных памятников корейской традиционной культуры. Выпуск I: Корейские письменные памятники в фон де китайских ксилографов восточного отдела Научной библиотеки Санкт-Петербургского государственного университета]. St. Petersburg State University Press. 2008과 Description of Manuscripts and Block-prints of Korean Traditional Culture. Part II: Manuscripts and Block-prints in Keeping of the Manuscript Department of of the Institute of Oriental Manuscripts, Russian Academy of Sciences [Описание письменных памятников корейской традиционной культуры. Выпуск II: Корейские письменные памятники в рукописном отделе Института восточных рукописей Российской академии наук]. St Petersburg, 2009를 참고로 하였다. 이 자료에 따르면 상트페테르부르크 국립대학 소장본은 모두 84종 855책이나 이번에 조사하여 책수를 합한 결과 84종 847책으로 계산되었으며 동방학연구소 소장본의 경우 모두 176종 972책으로 정리되었으나 『Collection of Korean books』를 7종으로 계산하여도 176종 958책이며 양장제본된 것을 각 종별로 분리하면 모두 200종 958책으로 확인하였다. 그러나 동방학연구소의 경우 목록카드에서 확인한 바와 같이 자료는 좀 더 소장되어 있는 것으로 생각되며 한국고서가 중국 고서로 분류되어 소장될 가능성은 매우 크며 추가적인 발굴이 필요한 상황이다. 이것은 비단 러시아 상트페테르부르크 국립대학과 동방학연구소의 경우만이 아니며 해외에 소장된 한국고서들 대부분이 한자로 씌어 있어 중국 고서와 혼재되어 있는 상황은 빈번하다.

열람을 신청하였으나 담당자가 없어 찾지 못한다는 결과와 함께『옥루몽(K36, 1933)』,『소대성전(K293, 1925)』두 종만을 확인할 수 있었다. 따라서 동방학연구소에는 이번에 파악된 200종 이외에 다른 한국고서가 소장되어 있을 것으로 추정된다. 특히『조선어독본』을 제외한 이들 자료의 간행시기가 1920년~1930년대인 것으로 보아 그 수량은 많지 않으나 이 시기 이후에도 한국고서가 입수되었던 것으로 파악된다.

동방학연구소 역시 자료 열람시 사진 촬영은 금지되고 있으며 자료의 복제 등은 동방학연구소 위원회의 심의를 거쳐 결정되고 있다.

두 기관 자료의 전반적인 보존 상태는 양호한 편이나 이것은 좋은 보존 환경을 유지한 것이라기보다는 자료 입수 후 열람이 빈번하지 않았던 관계로 자료의 훼손을 줄일 수 있었던 것으로 추정된다.

4. 서지분석을 통한 자료 수집의 양상

상트페테르부르크 국립대학과 동방학연구소의 한국고서에 대한 연구는 러시아와 한국에서 계속되어 왔다. 1956년 페트로바(O.P. Petrova)는 러시아에서는 최초로 한국고서에 대하여 해제한 연구서를 발간하였으며[17] 이후 많은 연구들이 이루어졌다.[18] 기존의 연구를

---

17 Petrova O.P, *Description of Korean Manuscripts and Block-prints*. 1, 2.

종합하여 보면 상트페테르부르크 국립대학의 자료들은 조선어 교육
을 위하여 수집한 것들과 1880년에서 1890년까지 조선에 근무했던
러시아 외교관들이 수집하여 기증한 것으로 확인된다. 동방학연구
소의 경우 러시아국립학술아카데미에서 조선 연구를 위하여 구매한
것, 상트페테르부르크 국립대학 소장본이 이전된 것 그리고 조선에
파견된 외교관이었던 애스턴과 묄렌도르프의 소장본을 동방학연구
소에서 구매한 것으로 확인되고 있다.[19] 그러나 이들 연구는 각 자료
별 수집 경위를 확인한 것은 아니며 해당 기록의 부재로 확인도 어려
운 상황이다. 따라서 소장된 자료의 주제 분석, 판종 분석, 간행 시
기 분석을 통하여 당시 한국고서의 수집 양상을 보다 실증적으로 고
찰해 보았다.

4.1. 주제 분석

러시아 상트페테르부르크 국립대학에 소장된 한국고서를 사부분
류법[20]에 의해 분류하면 다음과 같다.

Moskva: Izdatelstvo Vostochnoi Literatury. 1956, 1963.
18 허경진·유춘동, 「러시아 상트페테르부르크 국립대학과 동방학연구소에 소장된 조선
전적(朝鮮典籍)에 대한 연구」, 『열상고전연구』 36, 9~32쪽.
정병설, 「러시아 상트페테르부르크 동방학연구소 소장 한국고서의 몇몇 특징」, 『규
장각』 43, 145~166쪽 등 다수, 관련 연구는 참고문헌 참조.
19 허경진·유춘동, 앞의 논문, 16쪽.
20 『규장총목(奎章總目)』의 예를 따랐다.

〈표 1〉 상트페테르부르크 국립대학 도서관 소장 한국고서의 주제별 현황

부(部)	류(類)	종수	책수	합계	비율
경부 (經部)	예류(禮類)	1	4	6종 16책	7.1%
	사서류(四書類)	1	7		
	소학류(小學類)	4	5		
사부 (史部)	기사본말류 (紀事本末類)	2	37	55종 637책	65.4%
	별사류(別史類)	4	14		
	잡사류(雜史類)	6	108		
	정법류(政法類)	18	163		
	전기류(傳記類)	5	13		
	정사류(正史類)	3	149		
	조령·주의류 (詔令·奏議類)	4	52		
	지리류(地理類)	5	15		
	직관류(職官類)	2	9		
	편년류(編年類)	6	77		
자부 (子部)	기독교류(基督敎類)	1	2	16종 107책	19.0%
	도가류(道家類)	2	6		
	유서류(類書類)	1	70		
	역학류(譯學類)	3	5		
	예술류(藝術類)	3	3		
	유가류(儒家類)	3	9		
	의가류(醫家類)	3	12		
집부 (集部)	별집류(別集類)	1	7	7종 87책	8.3%
	총집류(總集類)	2	73		
	소설류(小說類)	4	7		
계		84	847		

상트페테르부르크 국립대학에 소장된 한국고서를 주제별로 분석

하면 사부(史部)는 55종 637책으로 65.4%로 가장 많았고 경부(經部)는 6종 16책으로 7.1%, 자부(子部)는 16종 107책으로 19%, 집부(集部)는 7종 87책으로 8.3%를 차지하였다. 특히 사부의 정법류(政法類) 자료들은 모두 18종 163책으로 사부분류상에서도 가장 큰 비중을 차지하고 있었다. 정법류에 속하는 자료들은『진찬의궤(進饌儀軌)』나『원행을묘정리의궤(園幸乙卯整理儀軌)』와 같은 조선의 전례(典禮)를 파악할 수 있는 자료,『육전조례(六典條例)』나『대전회통(大典會通)』같은 통제(通制)에 관한 자료,『증수무원록(增修無寃錄)』과 같은 형정(刑政)에 대한 자료,『소화외사(小華外史)』와 같은 외교(外交)에 관련된 자료가 다수 포함되어 있다. 그밖에도 사부에 속하는 대부분의 자료가 역사서임을 확인할 수 있다. 기사본말류(紀事本末類), 별사류(別史類), 잡사류(雜史類), 정사류(正史類), 편년류(編年類)에 포함되는 자료가 모두 21종 385책으로 나타나 상트페테르부르크 국립대학 소장본은 정법류와 역사서가 근간을 이루고 있다는 것을 확인 할 수 있었다. 또한 주목할 만한 자료들은 지리류(地理類)에 속하는 자료들이다. 상트페테르부르크 국립대학에는 지지류인『조선지지(朝鮮地誌)』,『송경지(松京誌)』,『평양지(平壤誌)』가 소장되어 있고 조선 전체의 강역(疆域)을 그린 필사본 고지도『지고(地攷)』[21]와 11첩으로 된 목판본『대조선국전도(大朝鮮國全圖)』가 소장되어 있다.『대조선국전도』는 고종연간에 제작된 것으로 추정되며 한양, 경기도, 강원도, 황해도, 평안도, 충청도, 전라도, 경상도, 함경도를 포함하고 있으며 울릉도 옆에 '우

---

21 이 지도는 108.2×72.5cm의 대형지도로 채색 필사본이다.

산도'가 표기되어 있다. 이를 통하여 상트페테르부르크 국립대학의
한국고서들은 조선에 파견할 외교관의 양성이라는 기능을 충족하기
위하여 그에 참고가 될 자료를 수집하였던 상황을 파악할 수 있다.
이는 1896년 아관파천, 1904~1905년 러일전쟁으로 이어지는 정치
적인 상황에서 초기 조선에 대한 관심이 인문학적 혹은 민족학적 성
격에서 국가 정책과 관련되는 정책적인 방향으로 변화[22]한 것과 부합
되고 있다는 것을 확인할 수 있다.

한편, 상트페테르부르크 동방학연구소에 소장된 한국고서를 주제
별로 구분하여 보면 다음 〈표 2〉와 같다.

〈표 2〉 상트페테르부르크 동방학연구소 소장 한국고서의 주제별 현황

부	류	종수	책수	합계	비율
경부	예류	7	48	27종 100책	13.5%
	사서류	9	29		
	서류	1	10		
	소학류	10	13		
사부	기사본말류	3	21	64종 405책	32.0%
	별사류	6	60		
	보계류	4	12		
	사표류	3	8		
	잡사류	6	12		
	정법류	22	107		
	전기류	1	1		
	정사류	2	9		

---

22 권세은, 「러시아에서의 한국학의 현황 및 과제」, 『아태연구』 13(2), 127쪽.

사부	조령·주의류	2	3	64종 405책	32.0%
	지리류	5	7		
	직관류	1	2		
	초사류	1	1		
	편년류	8	162		
자부	기독교류	1	1	23종 78책	11.5%
	도가류	1	1		
	석가류	1	1		
	술수류	1	1		
	역학류	7	8		
	유가류	6	30		
	유서류	1	1		
	의가류	2	32		
	잡저류	1	1		
	정음류	1	1		
	천문·산법류	1	1		
집부	별집류	18	158	86종 375책	43.0%
	사곡류	1	1		
	서간류	3	6		
	소설류	59	157		
	시문평류	1	2		
	총집류	4	51		
계		200	958		

동방학연구소에 소장된 자료의 성격을 보면 경부의 책은 27종 100
책으로 13.5%, 사부는 64종 405책 32.0%, 자부는 23종 78책으로
11.5%, 집부는 86종 375책으로 43.0%를 차지하고 있다. 사부의 정
법류가 다수를 차지하는 것은 상트페테르부르크 국립대학의 특징과

유사하나 동방학연구소의 장서의 특징에서 특히 주목해야 할 부분
은 집부의 소설류(小說類)가 59종 157책으로 한국고서 중 가장 큰 비
중을 가지고 있다는 점이다. 『설인귀전』, 『소대성전』, 『진대방전』,
『심청전』 등 경판본(京板本) 소설들을 중심으로 한 자료들과 별집류,
총집류 등 조선의 문집이 22종 209책에 이르는 것은 당시 조선어와
조선 문학의 연구를 목적으로 한 자료 수집의 의도가 반영된 것으로
분석할 수 있다.

　당시 외교관들에 의한 자료 수집은 러시아뿐만 아니라 프랑스나
영국의 경우에도 광범위하게 이루어졌다.[23] 그러나 구한말 외국인들
의 한국고서 수집이 대부분 한국 문화에 대한 개인적인 관심에서 시
작된 것이었는데 반해 상트페테르부르크 국립대학과 동방학연구소
의 한국고서들은 조선에 대한 정보 수집이라는 외교적인 목적을 가
진 정책적인 자료의 수집 양상이었음을 확인할 수 있다.

4.2. 판종 분석

　상트페테르부르크 국립대학 소장 한국고서 84종을 판종별로 살펴
보면, 목판본이 44종(52.3%)으로 가장 많았고, 필사본 18종(21.4%),
금속활자본 14종(16.6%), 목활자본 7종(8.3%), 신연활자본 1종(1.1%)으
로 조사되었다. 이중 금속활자본은 정리자(整理字)본 『동국사략(東國
史略)』 2종, 『원행을묘정리의궤』, 『어정홍익정공주고(御定洪翼靖公奏

---

23 이혜은·이희재, 「꼴레쥬 드 프랑스 소장 한국고서의 현황과 활용방안」, 『한국문헌정
　　보학회지』 45(4), 2011, 249~250쪽.

蕖)』, 재주정리자(再鑄整理字)본인『진찬의궤』가 있으며 교서관인서체
자(校書館印書體字)로『증수무원록대전(增修無冤錄大全)』, 『어제동국문
헌비고(御製東國文獻備考)』, 『동국문헌비고(東國文獻備考)』, 무신자(戊申
字)본『숙묘보감(肅廟寶鑑)』, 전사자(全史字)본『사례찬설(四禮纂說)』,
임진자(壬辰字)본『서운관지(書雲觀志)』, 전사자(全史字)본『고려명신전
(高麗名臣傳)』, 정유자(丁酉字)본『국조보감(國朝寶鑑)』, 한구자(韓構字)
본『문원보불(文苑黼黻)』등이 있다.

〈표 3〉 상트페테르부르크 국립대학 도서관 소장 한국고서의 판종별 현황

판본	종수	책수	비율
금속활자본(金屬活字本)	14	170	16.6%
목판본(木板本)	44	347	52.3%
목활자본(木活字本)	7	30	8.3%
신연활자본(新鉛活字本)	1	1	1.1%
필사본(筆寫本)	18	299	21.4%
	84	847	

상트페테르부르크 동방학연구소 소장 한국고서 200종을 판종별
로 살펴보면, 목판본이 120종(60%)으로 가장 많았고, 필사본 51종
(25.5%), 금속활자본 19종(9.5%), 목활자본과 신연활자본이 각각 5종
(2.5%)으로 조사되었다. 소장된 금속활자본을 활자별로 살펴보면 정
리자본은『동국사략』, 『원행을묘정리의궤』, 『어정대학유의(御定大學
類義)』, 『순조기축진찬의궤(純祖己丑進饌儀軌)』, 『풍고집(楓皐集)』, 재주
정리자본은『진찬의궤』, 교서관인서체자본은『동사회강(東史會綱)』,

『사충집(四忠集)』, 『동국문헌비고』 2종이며 정유자본은 『주서백선(朱書百選)』, 『자휼전칙(字恤典則)』, 『명의록(明義錄)』, 『이충무공전서(李忠武公全書)』가 소장되어 있다. 전사자본은 『규재유고(圭齋遺藁)』, 『지수재집(知守齋集)』, 『양전편고(兩銓便攷)』, 무신자본은 『사마온공경진계고록(司馬溫公經進稽古錄)』, 그리고 비록 보사(補寫)가 많이 있으나 현종실록자(顯宗實錄字)본인 『삼국사기(三國史記)』가 있다.

〈표 4〉 상트페테르부르크 동방학연구소 소장 한국고서의 판종별 현황

판본	종수	책수	비율
금속활자본	19	149	9.5%
목판본	120	520	60%
목활자본	5	48	2.5%
신연활자본	5	5	2.5%
필사본	51	236	25.5%
	200	958	

두 기관 모두 판종별 분포에 있어 동일한 유형을 보이고 있으며 금속활자본의 경우에도 조선 후기에 주로 사용된 정리자, 정유자, 전사자본 등이 주로 소장되어 있다. 소장 자료 중 목판본이 가장 높은 비중을 차지하는 것은 두 가지로 분석할 수 있다. 우선 조선시대의 인쇄문화사적 측면에서 수요가 많은 책들은 금속활자본으로 인쇄한 후 이를 지방 각 관아로 보내 번각(飜刻)하는 방법을 사용하였다. 따라서 소장된 주요 자료들은 많은 수량이 인쇄된 자료로서 수집 당시에 비교적 손쉽게 구할 수 있는 자료일 가능성이 높다는 점이다.

다른 하나의 이유는 목판본으로 찍어내던 세책본과 경판 방각본 소설이 상당수 포함되어 있기 때문이다.[24] 이러한 점은 기존 연구에서 밝혀진 자료의 수집 경위와 일치하는 것으로 볼 수 있다.

4.3. 간행시기 분석

상트페테르부르크 국립대학과 동방학연구소에 소장된 한국고서의 간행시기를 분석하면 다음 〈표 5〉, 〈표 6〉과 같다.

〈표 5〉 상트페테르부르크 국립대학 소장 한국고서의 간행시기 현황

시기	종수	책수	비율
1600~1699	4	190	4.7%
1700~1749	4	65	4.7%
1750~1799	24	178	28.5%
1800~1849	23	205	27.3%
1850~1899	28	208	33.3%
1900~1949	1	1	1.19%
	84	847	

---

24 애스턴의 조선어 교사였던 김재국은 서울의 세책점에서 자료를 구입하였고 묄렌도르프 소장본의 경우 경판 방각본 소설이 상당수인 것은 허경진, 유춘동 교수의 연구에서 확인되었다.

〈표 6〉 상트페테르부르크 동방학연구소 소장 한국고서의 간행시기 현황

시기	종수	책수	비율
1600~1699	1	2	1.0%
1700~1749	7	52	3.5%
1750~1799	31	148	15.5%
1800~1849	87	489	43.5%
1850~1899	71	264	35.5%
1900~1949	3	3	1.5%
	200	958	

상트페테르부르크 국립대학에 소장된 자료 중 가장 오래된 자료
는 광해군 5년인 1613년에 간행된 『고려사(高麗史)』 81책이다. 67책
결권으로 동일본인 『고려사』가 1질 더 있으나 보사(補寫)된 부분이
있어 자료적 가치는 떨어진다. 또한 『여사제강(麗史提綱)』, 『술이(述
而)』 등이 17세기경에 간행된 것으로 추정된다. 동방학연구소 소장
본 중 숙종 7년인 1666년에 간행된 『연평이선생사제자답문(延平李先
生師第子答問)』이 가장 시기가 올라가는 귀중본이다. 그러나 두 기관
소장본의 가장 큰 특징은 19세기 간행본이 대다수를 차지하고 있다
는 점이다. 상트페테르부르크 국립대학 소장본의 60.6%, 동방학연
구소 소장본의 79%는 자료가 주로 수집된 시점인 19세기에 간행된
자료들이며 당대에 발간된 자료들을 가장 손쉽게 구할 수 있었음을
확인할 수 있다.

5. 결론

　러시아 상트페테르부르크 국립대학과 동방학연구소의 설립과 역사적 배경을 살펴본 결과 상트페테르부르크 국립대학 동방학부의 경우 동양 각국의 언어를 습득하게 하는 것을 목표로 하였고 상트페테르부르크 동방학연구소는 동양의 문화를 연구하고자 하는 것에 관심을 가지고 있었다.

　두 기관에 소장된 한국고서를 조사하고 서지적인 분석을 시도하여 다음과 같은 결과를 도출하였다. 조사 결과 한국고서는 상트페테르부르크 국립대학에 84종 847책, 동방학연구소에 200종 958책이 소장된 것으로 확인되었다.

　상트페테르부르크 국립대학에 소장된 한국고서를 주제별로 분석하면 사부는 55종 637책으로 65.4%로 가장 많았고 경부는 6종 16책으로 7.1%, 자부는 16종 107책으로 19%, 집부는 7종 87책으로 8.3%를 차지하였다. 특히 사부의 정법류 자료들은 모두 18종 163책으로 사부분류상에서도 가장 큰 비중을 차지하고 있어 이를 통하여 상트페테르부르크 국립대학이 조선에 파견할 외교관의 양성이라는 기능을 충족하기 위하여 한국 자료를 수집하였던 상황을 파악할 수 있다. 반면, 동방학연구소에 소장된 자료의 성격을 보면 경부의 책은 27종 100책으로 13.5%, 사부는 64종 405책 32%, 자부는 23종 78책으로 11.5%, 집부는 86종 375책으로 43%를 차지하고 있다. 특히 집부의 소설류는 59종 157책으로 가장 큰 비중을 가지고 있는데 당시 조선어와 조선 문학의 연구를 목적으로 한 자료 수집의 의도가 반영된 것으로 분석할 수 있다. 또한 판종별로 보면 두 기관 모두 목판본 자료가 가장 높은 비중을 차지하고 있다. 이것은 목판본의 경우 조선시대의 인쇄문화사적 측면에서 수요가 많은 책들은 금속활자본으로 인쇄한 후 이를 지방 각 관아로 보내 번각하는 방법을 사용하였던 만큼 두 기관에 소장된 주요 자료들이 많은 수량이 인쇄된 자료로서 수집 당시에 비교적 손쉽게 구할 수 있는 자료일 가능성이 높다는 점이다. 다른 하나의 이유는 세책본과 경판 방각본 소설이 상당수 포함되어 있기 때문이다. 자료의 간행시기별로 보면 두 기관 모두 19세기 간행본이 대다수를 차지하고 있다. 상트페테르부르크 국립대학 소장본의 60.6%, 동방학연구소 소장본의 79%는 자료가 주로 수집된 시점인 19세기에 간행된 자료들이며 당대에 발간된 자료들을 가장 손쉽게 구할 수 있었음을 확인할 수 있다.

구한말 외국인들의 한국고서 수집은 대부분 개인적인 한국 문화에 대한 관심에서 시작된 것이었고 이를 본국으로 가져가 경매하거나 기증하는 방법으로 기관이나 개인이 소장하고 있는 것이 일반적이다. 그러나 러시아 상트페테르부르크 국립대학과 동방학연구소의 경우 동양 문화에 대한 전반적인 관심에서 그 연원을 찾을 수 있었고 이 두 기관은 목적에 부합되는 자료를 확보하기 위하여 유럽의 외교관 개인 소장품들을 적극적으로 수집하고 자국민들의 자료 확보를 독려하였다. 또한 이들 자료들은 조선에 대한 정보수집이라는 외교적인 목적을 가진 정책적인 자료의 수집 양상도 포함되어 있었음을 확인할 수 있었다.

참고문헌

· 국립중앙도서관, 『국외소재 한국 고문헌 수집 성과와 과제』, 2011.
· 권세은, 「러시아에서의 한국학의 현황 및 과제」, 『아태연구』 13(2), 경희대학교 국제지역연구원, 2006.
· 김현택, 「러시아에서의 한국학 연구의 역사와 현재 상황」, 『러시아지역연구』 3, 한국외국어대학교 러시아연구소, 1999.
· 모리스 쿠랑 저, 이희재 역, 『한국서지』, 일조각, 1994.
· 박재연·김영, 「애스턴 구장 번역고소설 필사본 슈슈유문 연구」, 『어문학논총』 23, 국민대학교 어문학연구소, 2004.
· 박진완, 「러시아 동방학연구소 애스턴 문고의 한글 자료」, 『한국어학』 46, 2010.
· 유.게.스메르틴·이종원, 「제정 러시아 시대의 한국학 연구와 교육의 연관성」, 『교육학논총』 30(2), 대경교육학회, 2009.
· 유학수, 「러시아에서의 주요 한국학 연구기관과 교육기관」, 『슬라브연구』 15, 한국외국어대학교 러시아연구소, 1999.
· 이강민, 「아스톤본 교린수지(交隣須知)의 일본어」, 『일본학보』 41, 한국일본학회, 1998.
· 이강민, 「언어자료로서의 한어훈몽(韓語訓蒙)」, 『일본학보』 43, 한국일본학회, 1999.
· 이혜은·이희재, 「꼴레쥬 드 프랑스 소장 한국고서의 현황과 활용방안」, 『한국문헌정보학회지』 45(4), 한국문헌정보학회, 2011.
· 장호종, 「러시아 한국학의 전개 및 발전양상」, 『한중인문학연구』 17, 한중인문학회, 2006.
· 장호종, 「러시아 한국어 교재 발간의 역사와 현황」, 『한중인문학회 국제학술대회』, 한중인문학회, 2008.
· 정병설, 「러시아 상트페테르부르크 동방학연구소 소장 한국고서의 몇몇 특징」, 『규장각』 43, 규장각한국학연구원, 2013.
· 코뱌코바 울리아나, 「애스톤 문고 소장 『Corean Tales』에 대한 고찰」, 『서지학보』 32, 서지학회, 2008.
· 허경진·유춘동, 「러시아 상트페테르부르크 국립대학과 동방학연구소에 소장

된 조선전적(朝鮮典籍)에 대한 연구」, 『열상고전연구』 36, 열상고전연구회, 2012.

- 허경진·유춘동, 「애스턴(Aston)의 조선어 학습서 〈Corean Tales〉의 성격과 특성」, 『인문과학』 98, 연세대 인문과학연구소, 2013.
- 허경진·유춘동, 「구한말~일제강점기 외국인의 조선전적(朝鮮典籍) 수집의 현황과 의미」, 『고전번역연구』 4, 한국고전번역학회, 2013.
- 홍지인, 「러시아제국의 한국어 교육에 관하여」, 『Acta Russiana』 2, 고려대학교 러시아CIS연구소, 2010.
- Koncevich L. R., *Some Questions of the Traditional Korean Studies in Russia and the Soviet Union*, 『이중언어학』 8(1), 이중언어학회, 1991.
- Trotsevich A.F.·Guryeva A.A., *Description of Manuscripts and Block-prints of Korean Traditional Culture. Part I: Korean Manuscripts and Block-prints Included in the Collection of Chinese Block-prints in Keeping of the Library of the Faculty for Oriental Studies*, St. Petersburg State University [Описание письменных памятников корейской традицио нной культуры. Выпуск I: Корейские письменные памятники в фонде китайских ксилографов восточного отдела Научной библиотеки Санкт-П етербургского государственного университета]. St. Petersburg State University Press, 2008.
- Trotsevich A.F.·Guryeva A.A., *Description of Manuscripts and Block-prints of Korean Traditional Culture. Part II: Manuscripts and Block-prints in Keeping of the Manuscript Department of of the Institute of Oriental Manuscripts*, Russian Academy of Sciences [Описание письменн ых памятников корейской традиционной культуры. Выпуск II: Корейски е письменные памятники в рукописном отделе Института восточных ру кописей Российской академии наук]. St Petersburg, 2009.
- Petrova O.P. *Description of Korean Manuscripts and Block-prints. 1, 2.* Moskva: Izdatelstvo Vostochnoi Literatury. 1956, 1963 [Петрова О.П. Опи сание письменных памятников корейской культуры. Вып. 2. М. : Издат ельство Восточной Литературы. 1956, 1963]
- Simbirtseva, Tatiana M., *Modern Korean Studies in Russia*, *Journal of Korean Culture* 10, 한국어문학국제학술포럼, 2008.

러시아 상트페테르부르크 국립대학 및 동방학연구소 소장 희귀본 자료에 대하여

권진옥*

1. 들어가며

해외로 반출된 한국학 자료(한국 고전적, 조선전적 등을 통칭함)에 대한 연구와 사업이 전공을 막론하고 활발히 진행되고 있는 실정이다. 국외소재문화재재단, 국립중앙박물관 등 유수 기관에서부터 대학 내 연구소들이 주도하여 각국에 반출되어 있는 한국학 자료들에 대한 개황은 물론이고 특정한 주제와 성격을 부여한 목록 및 이미지 작업이 진행되고 있다. 각 연구기관들이 지향하는 목적과 사업 내용은 각기 차이를 보이지만, 과거로부터 일제강점기까지 수백 년을 아우르는 한국학 자료들이 해외로 반출된 정황과 실재를 파악하여, 그 전모와 가치를 학계를 비롯한 사회 전반에 소개하려는 의식은 공통

* 단국대학교 동양학연구소 연구원

적이라 할 수 있다. 그만큼 해외로 반출된 한국학 자료에 대한 각각의 북스토리(Book-Story)는 학계 안팎으로 매력적으로 다가오고 있다.

이러한 상황에서, 본 연구자는 2014년에 국외소재문화재재단 사업의 일환으로서 러시아로 반출된 한국학 자료에 대한 조사 작업에 참여할 기회를 얻게 되었다. 주지하다시피, 러시아 상트페테르부르크 국립대학 및 동방학연구소[1]에 소장된 한국학 자료에 대한 연구는 "애스턴(Aston) 문고"라는 테마 아래에서 활발하게 진행되어 왔고,[2] 애스턴 문고를 비롯한 소장본 전반에 대한 개황과 특징 고찰 역시 최근에 방문 학자들에 의해 소개되고 있다.[3] 특히, 국립대학과 동방학연구소 소장본에 대한 수집과정, 현황, 가치 등에 대한 연구는 허

---

1 이하에서는 편의상 "러시아 상트페테르부르크 국립대학"을 "국립대학"으로, "러시아 상트페테르부르크 동방학연구소"를 "동방학연구소"로 약칭하겠다.

2 박재연·김영, 「애스턴 구장 번역고소설 필사본 〈슈수유문(隨史遺文)〉연구: 고어 자료를 중심으로」, 『어문학논총』 23, 국민대 어문학연구소, 2004; 코뱌코바 올리아나, 「애스톤문고 소장 〈Corean Tales〉에 대한 고찰」, 『서지학보』 32, 한국서지학회, 2008; 박진완, 「러시아 동방학연구소 애스턴 문고의 한글 자료: 한국어 학습 과정과 관련하여」, 『한국어학』 46, 한국어학회, 2010; 허경진·유춘동, 「애스턴(Aston)의 조선어 학습서 〈Corean Tales〉의 성격과 특성」, 『인문과학』 98, 연세대 인문학연구원, 2013.

3 허경진·유춘동, 「러시아 상트페테르부르크 국립대학과 동방학연구소에 소장된 조선 전적(朝鮮典籍)에 대한 연구」, 『열상고전연구』 36, 열상고전연구회, 2012; 허경진·유춘동, 「구한말~일제강점기, 외국인의 조선전적(朝鮮典籍) 수집의 현황과 의미: 러시아 상트페테르부르크 국립대학과 동방학연구소, 일본 고마자와대학 소장본을 중심으로」, 『고전번역연구』 4, 한국고전번역학회, 2013; 정병설, 「러시아 상트베테르부르크 동방학연구소 소장 한국고서의 몇몇 특징」, 『규장각』 43, 서울대 규장각 한국학연구원, 2013.

경진·유춘동에 의해 자세히 이루어져 학계에서 그 대체를 이미 파악할 수 있게 되었다. 개략적으로 말하자면, 국립대학 소장본은 조선어 교육이나 외교관 양성과 밀접한 관계를 지닌 자료들이, 동방학연구소 소장본은 조선과 일본의 관계를 다룬 자료 및 고소설 자료들이 컬렉션을 채우고 있다. 이러한 선구적 연구를 토대로 조선어 학습서로 사용된 설화집 『Corean Tales』에 대한 연구가 심화되었고, 이를 확대하여 각종의 필사본 고소설에 대한 연구 역시 소기의 성과를 거두게 되었다.

본 연구자는 이와 같은 기존의 연구를 참고하면서, 기존 연구에서 자칫 소홀히 넘어갔던 몇몇 한국학 자료들을 현지 조사를 통해 발견하게 되었다. 사실 현지 조사에 착수하기 전단계로, 기왕에 조사된 목록을 대상으로 국내의 동일본과 이본 조사를 수행하였는데, 필사본·방각본 고소설, 몇몇 공문서 및 조사보고서 등을 제외하면 여타 자료들은 대부분 국내본의 테두리 안에 있음을 자인할 수밖에 없었다. 그러나 현지에서 소장본 자료들을 직접 열람하며 목록에서 누락된 자료들을 확인하기도 하고, 목록의 오기(誤記)로 인해 사전 조사에서 소홀히 여겼던 자료들이 눈에 다시 들어오기도 하였다. 이러한 과정 속에서 나름 가치를 부여할 만한 자료를 거론하자면, 국립대학 소장 『주촬(籌撮)』(Call number: Xyl.1881), 『기묘록보유(己卯錄補遺)』(Call number: Xyl.1892)와 동방학연구소 소장 『국조정토록(國朝征討錄)』(Call number: C20), 『이계유집초(耳溪遺集鈔)』(Call number: D80) 등 4종이다. 결론부터 말하자면, 서지적으로는 유일본인 『주촬』을 제외한 나머지 3종은 희귀본에 속하고, 내용적으로는 정치, 사회경제, 역사, 전쟁사, 문학 자료로서 유의미한 자료라 할 수 있다. 이하에서는 이들에 대한 소개와 가치를 밝히고자 하는데, 서술하는 내용은 정형화된 논문이라기보다는 일종의 메모 혹은 간략한 해제에 가깝다. 변명하자면 우선 이미지 자료 확보가 어려웠고, 다량의 자료들을 짧은 시간에 열람할 수밖에 없었던 현지 상황으로 인해 보다 면밀한 검토가 이루어질 수가 없었다. 현지에서 작성된 메모에 의존하여 서술하다보니, 결국 이들 자료에 대한 개황과 소개에 그친 점을 미리 말해두고자 한다.

2. 국립대학 소장 희귀본 자료

국립대학 소장 한국학 자료들은 두 가지 경로를 통하여 수집되었으니, 첫 번째는 조선어를 가르치기 시작하면서부터 교육을 위해 수집된 것들과 두 번째는 1880년에서 1890년 사이에 조선에서 근무했던 러시아 외교관들의 기증에 의한 것들이다. 조선어 교육용 교재는 『천자문(千字文)』(3종. Call number: Xyl.1852; Xyl.2015; Xyl.2553)과 『전운옥편(全韻玉篇)』(Call number: Xyl.1851) 등의 사전류, 『토생전』(Call number: Xyl.1857)과 『삼국지』(Call number: Xyl.1854) 등의 고소설, 『고려사(高麗史)』(Call number: Xyl.1869), 『여사제강(麗史提綱)』(Call number: Xyl.1860), 『동국사략(東國史略)』(2종. Call number: Xyl.1587; Xyl.1829) 등의 역사서가 있고, 『개국오백사년팔월사변보고서』(Call number: Xyl.

1855)처럼 조선어로 된 책을 다시 러시아어로 번역한 것도 있다. 또한 조선에 파견된 외교관들이 주로 수집했던 것은 조선의 정치, 역사, 지리, 풍습 등을 담은 책들이었다. 『평양지(平壤志)』(Call number: Xyl.1877), 『송경지(松京誌)』(Call number: Xyl.1880), 『지고(地攷)』(Call number: Kor.1) 등의 지지류, 조선과 일본인이 편찬한 조선의 지도, 『조선역사(朝鮮歷史)』(Call number: Kor.3), 『조선지지전(朝鮮地誌全)』(Call number: Kor.14) 등의 역사서가 있다. 이처럼 국립대학에 소장된 한국학 자료들은 조선어 교육이나 외교관 양성과 밀접한 관계에 있는 것들로, 이곳이 러시아 최초의 조선어 교육 기관이기 때문에 이와 같은 수집 현황을 보여준다 하겠다.[4] 그런데 국립대학에는 위와 같은 자료적 성격을 지니면서 국내에는 소장되어 있지 않은 한국학 자료들이 눈에 띈다. 먼저, 정조(正祖) 시대의 사회경제, 문물제도 등 사회 전반을 아우르는 사안들을 기록해 놓은 『주찰』이다. 이 자료의 기본적인 서지사항은 아래와 같다.

---

[4] 국립대학 소장 한국학 자료 수집과정, 현황, 가치 등에 대한 자세한 내용은 허경진·유춘동의 논문(「구한말~일제강점기, 외국인의 조선전적(朝鮮典籍) 수집의 현황과 의미: 러시아 상트페테르부르크 국립대학과 동방학연구소, 일본 고마자와대학 소장본을 중심으로」, 『고전번역연구』 4, 한국고전번역학회, 2013)을 참고.

2.1. 『주찰』

籌撮 / --筆寫本. -- [發行地不明] : [發行處不明], [發行年不明]
33冊 : 四周單邊 半郭 24.5 × 17.2 cm, 有界, 12行26字, 上下內向2葉
花紋魚尾 ; 35.3 × 21.8 cm

국립대학 소장본『주촬』은 유일본으로서 정조 시대 조정에서 논의된 사안들을 육조(六曹)의 주제별로 분류하여 날짜순으로 기록해 놓은 책이다. 각 책의 목차는 아래와 같다.

　○천관문(天官門) 총 4冊 : 1冊(「官職」); 2冊(「體統」, 「任使」, 「差除」, 「吏隷」, 「彈駁」, 「褒賞」, 「殿最」, 「褒贈」); 3冊(「按廉」); 4冊(「按廉」, 「董飭」, 「雜令」)

　○지관문(地官門) 총 16冊 : 1冊(「民戶」, 「田政」); 2冊(「田政」); 3冊(「田政」, 「賦稅」); 4-5冊(「糶糴」); 6冊(「粮餉」, 「漕運」); 7冊(「倉庫」, 「優恤」); 8冊(「財用」); 9冊(「財用」, 「蠲減」); 10冊(「救荒」); 11冊(「貢市」); 12冊(「移轉」, 「堤堰」, 「徭役」); 13冊(「矯弊」); 14冊(「矯弊」); 15冊(「矯弊」); 16冊(「支供」, 「節省」, 「均稅」, 「內司」, 「雜令」)

　○춘관문(春官門) 총 5冊 : 1冊(「祀典」, 「陵廟」, 「辭命」, 「求言」, 「進言」); 2冊(「典禮」, 「朝會」, 「科制」, 「樂律」, 「灾祥」, 「學校」, 「印章」, 「憫旱」); 3冊(「事大」, 「貢獻」); 4冊(「使行」, 「交隣」); 5冊(「漂民」, 「雜令」)

　○하관문(夏官門) 총 5冊 : 1冊(「軍制」); 2冊(「幸行」, 「關防」); 3冊(「軍器」, 「符信」, 「紀律」, 「城池」, 「戰舡」); 4冊(「操鍊」, 「邊事」); 5冊(「驛路」, 「烽燧」, 「牧畜」, 「勸奬」, 「雜令」)

　○추관문(秋官門) 총 3冊 : 1冊(「疏釋」, 「赦宥」, 「討捕」, 「刑獄」, 「罪罰」, 「議讞」); 2冊(「贓汚」, 「公私賤」, 「禁令」); 3冊(「法制」, "冬官門"「營繕」, 「舟車」, 「廨宇」, 「量衡」)

　정조 시대의 사회경제, 문물제도 등을 주제별로 일목요연하게 살펴볼 수 있는 자료인데, 규장각에 소장되어 있는 유일본 자료『주모록(籌謨錄)』(필사본, 14책. 청구기호 : 古4250-98)과 그 성격이 유사하다고 할 수 있다. 『주모록』은 1776년(정조 1)에서 1782년(정조 6) 사이에 조정에서 논의된 여러 사안들을 이(吏), 호(戶), 예(禮), 병(兵), 형(刑), 공(工)의 주제별로 분류하여 날짜 순서대로 정리해 놓은 자료이다. 모두 14책이며, 이(吏)는 제 1책과 제 2책에, 호(戶)는 제 3책에서 제 8책까지, 예(禮)는 제 9책과 제 10책, 병(兵)은 제 11책에서 제 13책까지, 형(刑)과 공(工)은 제 14책에 편집되어 있다.[5]

위에 나열한 목차와 내용을 살펴보면, 국립대학 소장본 『주찰』은 규장각 소장본 『주모록』에 비해 분류 체계와 분량 면에서 서지적·내용적 가치가 더 우수하다고 할 수 있다.

---

5 총 14책으로 구성된 『주모록』의 목차는 다음과 같다.
　1책 : 「官職」, 「任使」, 「體統」, 「差除」, 「彈駁」, 「吏隷」; 2책 : 「薦擧」, 「殿最」, 「褒賞」, 「褒贈」, 「按廉」, 「董勅」, 「雜令」; 3책 : 「田政」, 「民戶」, 「賦稅」; 4책 : 「貢市」, 「財用」, 「蠲減」; 5책 : 「救荒」, 「優恤」; 6책 : 「糴糶」; 7책 : 「漕運」, 「糧餉」, 「徭役」, 「均稅」, 「堤堰」, 「移轉」, 「節省」, 「支供」, 「倉庫」, 「內司」; 8책 : 「矯弊」; 9책 : 「祀典」, 「陵廟」, 「典禮」, 「辭命」, 「求言」, 「進言」, 「貢獻」, 「朝會」, 「事大」, 「交隣」, 「使行」; 10책 : 「漂民」, 「科制」, 「學校」, 「樂律」, 「印章」, 「祥」, 「憫旱」; 11책 : 「幸行」, 「關防」, 「城池」, 「軍器」, 「紀律」, 「符信」; 12책 : 「軍制」, 「驛路」, 「戰舡」, 「牧畜」, 「勸獎」, 「烽燧」, 「雜令」; 13책 : 「操鍊」, 「邊事」; 14책 : 「刑獄」, 「法制」, 「疏釋」, 「禁令」, 「罪罰」, 「討捕」, 「公私賤」, 「議讞」, 「營繕」, 「廨宇」, 「舟車」, 「量衡」.
　그 외 『주모록』에 대한 자세한 자료 개괄은 규장각한국학연구원 웹사이트에서 제공하는 "『籌謨錄』해제(김세은 작성)"를 참고하기 바란다.

2.2. 『기묘록보유』

己卯錄補遺 / 安璐(朝鮮) 編. --筆寫本. -- [發行地不明] : [發行處不明], [發行年不明]
2卷2冊 ; 31.0 × 21.1 cm

　　국립대학 소장본 『기묘록보유』는 희귀본으로서 기묘사화(己卯士禍)와 관련된 인물들의 사적을 모아 기록한 책이다. 김정국(金正國, 1485~1541)이 편찬한 『기묘당적(己卯黨籍)』을 안로(安璐, 1635~1698)가 보충하여 엮은 책인데, 『대동야승(大東野乘)』에 편입되지 않고 단독으로 엮어진 『기묘록보유』는 국사편찬위원회와 국립중앙도서관, 단두 곳에만 소장되어 있는 것으로 알려져 왔다. 그러므로 이 자료는또 하나의 이본(異本)으로서 그 서지적 가치가 인정된다고 할 수 있다. 또한 이 자료의 특징은 국립중앙도서관 소장본 『기묘록보유』와는 다른 체재를 보이고 있다는 점이다. 국립중앙도서관 소장본은 권상(卷上)에서 「정광필전(鄭光弼傳)」부터 「이영전(李翎傳)」, 「노상천거방목후발(盧相薦擧榜目後跋)」까지 수록하고 있고, 권하(卷下)에서 「파릉군전(巴陵君傳)」부터 「백인걸전(白仁傑傳)」까지 수록하고 있다. 이에 반해, 이 자료는 여타 『기묘록보유』와 동일한 편차와 내용을 기재하면서 아울러 권하 말미에서 『기묘록속집(己卯錄續集)』과 『기묘록별집(己卯錄別集)』이 합철된 특이한 형태를 갖추고 있다.

3. 동방학연구소 소장 희귀본 자료

동방학연구소 소장 한국학 자료들은 조선과 일본에 관계를 둔 다른 책들이 많다. 임진왜란 관련 자료, 왜관(倭館)에 관련된 책, 일본에서 배우던 조선어 회화책, 일본을 방문했던 조선의 문사들이 일본 지식인들과 주고받은 필담집 등이 그것이다. 아울러 연구자들로부터 각광을 받고 있는『Corean Tales』, 경판 방각본 소설, 세책(貰冊) 필사본, 고소설 자료들이 이곳에 소장되어 있다.[6] 본 연구자가 아래에 소개할 자료는 이러한 동방학연구소 소장본 성격의 테두리 안에 있는 것도 있고, 여타 자료들과 성격을 달리하면서 이번 현지 조사를 통해 그 가치를 새롭게 알게 된 것도 있다. 전자는『국조정토록』이고 후자는『이계유집초』이다.

---

6 자세한 내용은 앞의 허경진·유춘동의 논문(「구한말~일제강점기, 외국인의 조선전적(朝鮮典籍) 수집의 현황과 의미: 러시아 상트페테르부르크 국립대학과 동방학연구소, 일본 고마자와대학 소장본을 중심으로」,『고전번역연구』4, 한국고전번역학회, 2013)을 참고하기 바람.

3.1. 『국조정토록』

國朝征討錄全 / --筆寫本. -- [發行地不明] : [發行處不明], [發行年
不明]
2卷1冊 ; 26.6 × 18.7 cm

　　희귀본으로 2007년에 보물 제1511호로 지정된 장서각 소장『국조
정토록』[7]의 이본(異本)이다.『국조정토록』은 세종(世宗) 시대 대마도
정벌부터 중종(中宗) 시대 삼포왜란까지 7차례에 걸친 전쟁 기록을
담은 책이다. 상권(上卷)은 「정대마도(征對馬島)」, 「정파저강(征婆猪
江)」, 「정건주위(征建州衛)」, 하권(下卷)은 「정건주위」, 「정이마거(征尼

7　『국조정토록』에 대한 자료적 성격과 가치는 정구복(2003)을 참고하기 바람.

麻車)」, 「정서북로구(征西北虜寇)」, 「정삼포반왜(征三浦叛倭)」로 이루어져 있다. 장서각 소장본은 목활자본(木活字本, 訓鍊都監字)으로 유일본인데, 당시에 이를 전사(轉寫)하여 가져간 이본(異本)이 일본에 소장되어 있다.(마이크로필름이 국립중앙도서관에 소장되어 있음) 그런데 국립대학 소장본은 장서각 소장본을 국내에서 전사한 자료로서(혹은 목활자로 인출(印出)하기 전에 사본(寫本)의 형태로 유포되었던 자료로서) 그 서지적 가치가 인정된다. 뿐만 아니라 장서각 소장본은 마지막 장이 낙장(落張)인데 비해, 이 자료는 완정한 형태를 갖추고 있다.[8]

3.2. 『이계유집초』

耳溪遺集鈔 / 洪良浩(朝鮮) 著. --筆寫本. -- [發行地不明] : [發行處不明], [發行年不明]
5卷4冊 ; 31.0 × 21.5 cm

희귀본으로 이계(耳溪) 홍양호(洪良浩, 1724~1802)의 문집을 초록하여 엮은 책이다. 『이계집(耳溪集)』은 『이계삼편전서(耳溪三編全書)』(필사본, 96권50책, 현전하지 않음)와 『이계집』(전사자본, 50권22책, 초간본, 소장처 다수) 두 가지 형태로 편찬된 것으로 보인다. 그 후에 『이계집』을 초록하여 엮은 책은 『이계집초(耳溪集鈔)』(필사본, 1책, 용인대 소장)와

---

8 국내 유일본에 잘려나간 마지막 면에는 "上稿勞(去聲)柳順汀以下諸將", "國朝征討錄終"의 내용이 기재되어 있다.

『이계집초략(耳溪集鈔略)』(필사본, 1책, 계명대 소장)이 유일하게 국내에 현전하고 있다. 이에 반해, 이 자료는 초집(鈔集) 형태로는 분량이 대폭 증가한 5권 4책으로 이루어져 있고, 정서(淨書) 상태도 매우 양호하다. 현지에서 메모한 내용을 바탕으로 초록된 작품들을 나열하면 다음과 같다.

序文 : 紀昀의 지은 「詩集序」와 「文集序」가 나란히 수록되어 있다. 그런데 초간본 『耳溪集』에 수록된 「詩集序」에서는 "河間紀昀序"로 글이 끝나지만, 이 자료에 수록된 「詩集序」에서는 "河間紀昀撰, 是年七十有二."로 글이 끝나고 있어 서문이 작성된 시기가 1795년이라는 것을 고찰할 수 있다.

○1책 : 권수쪽. "耳溪遺集鈔卷之一", "朝鮮洪良浩漢師 著"
辭賦. 「乞明文」[9], 「薊門烟樹賦」, 「一元靈液賦」[10]
詩. 「登永保亭」[11], 「觀海」 … 「哀修井鄭尙書景淳」[12]까지 총 298 작품이 수록되어 있음.

○2책 : 권2
序. 「贈蒼巖朴仲涵遊金剛序」, 「鄭令公時晦周甲序」[13], 「贈洪上

---

9 「乞明文」은 초간본 『耳溪集』 권18 雜著에 수록되어 있음.
10 「一元靈液賦」는 초간본 『耳溪集』에는 보이지 않음.
11 「登永保亭」은 초간본 『耳溪集』 권3에 수록되어 있음.
12 「哀修井鄭尙書景淳」은 초간본 『耳溪集』 권9에 수록되어 있음.
13 「鄭令公時晦周甲序」는 초간본 『耳溪集』 권11에 「鄭侍郎時晦周甲序」로 수록되어 있음.

舍聖幾歸南陽序」,「六書經緯序」,「洪上舍秉喆周甲序」**14**,「旅菴集序」,「贈湖南李汝元序」,「四部選要序」,「春菴集序」,「筆跡類彙序」,「賈子粹言序」,「芝溪集序」,「送趙寬甫之任康津序」,「送從子校理樂游書狀官序」**15**,「風謠續選序」,「送進賀正使趙判書尙鎭序」**16**.

記.「龍耕記」**17**,「泥窩記」,「萬柳堤記」**18**,「四達亭重修記」,「芙蓉堂記」,「平山府天使去思碑閣記」,「太虛樓重修記」,「文會齋記」,「浮碧樓重修記」**19**,「稽古堂記」,「老木記」,「兼山樓記」,「小歸堂記」,「遊耳溪記」,「牛耳洞九曲記」,「豆滿江海棠記」,「五國城宋錢記」**20**,「鷹丸記」,「西水羅記」,「卵島記」,「靑海府牧丹記」,「安市城記」,「遼野日出記」,「望海臺記」,「灤河淸節祠記」,「鏡波樓記」,「萬弩門記」,「武烈祠重修記」,「天雷齋記」,「龍山雙湖亭記」**21**,「妙香山酬忠祠記」**22**,「宣德御硯記」**23**.

題跋.「題李夢瑞蔡希菴挽百韻律」,「芸窩遺稿跋」,「夷齊讀書處後序」**24**,「題李北海娑羅樹碑後」,「題白月碑後」,「題呂眞人榴皮

---

14 「洪上舍秉喆周甲序」는 초간본『耳溪集』에는 보이지 않음.

15 「送從子校理樂游書狀官序」는 초간본『耳溪集』권11에「送從子樂游赴楸坡鎭序」로 수록되어 있음.

16 「送進賀正使趙判書尙鎭序」는 초간본『耳溪集』권11에「送趙尙書爾眞赴燕序」로 수록되어 있음.

17 「龍耕記」는 초간본『耳溪集』권14에「合湖龍耕記」로 수록되어 있음.

18 「萬柳堤記」는 초간본『耳溪集』권14에「萬柳外堤記」로 수록되어 있음.

19 「浮碧樓重修記」는 초간본『耳溪集』에는 보이지 않음.

20 「五國城宋錢記」는 초간본『耳溪集』권14에「宋錢記」로 수록되어 있음.

21 「龍山雙湖亭記」는 초간본『耳溪集』권13에「雙湖亭記」로 수록되어 있음.

22 「妙香山酬忠祠記」는 초간본『耳溪集』권14에「酬忠祠記」로 수록되어 있음.

23 「宣德御硯記」는 초간본『耳溪集』에는 보이지 않음. 다만 초간본『耳溪集』권8에「宣德硯歌」라는 작품이 수록되어 있음.

24 「夷齊讀書處後序」는 초간본『耳溪集』권16에「題韓昌黎書夷齊讀書處大字」로 수록

帖」,「題尹白下書軸後」,「題申文初白頭山詩後」,「五山集跋」,「慕堂遺稿跋」,「新羅文武王陵碑後序」,「八家手圈跋」.

○ 3책 : 권3

書.「答申都事文初書」,「再答申文初書」,「與宋德文論詩書」,「答申儀甫書」,「答宋德文論書書」,「與紀尙書昀書」,「與紀尙書別紙」,「與戴翰林衢亨書」.

論.「三公子讓國論」[25],「質文論」,「五覇論」,「經權論」,「太史公改古文論」.

辨.「五就桀辨」,「反桐葉封弟辨」,「范增論辨」,「管仲不死子糾辨」,「七情辨」.

解.「形解」,「聲解」,「詩解」,「格物解」.

銘.「葫蘆茶注銘」,「丹砂硏山銘」,「程君房墨銘」,「雷斧銘」.

上樑文.「留仙觀上樑文」,「鏡浦臺上樑文」,「子規樓上樑文」,「得中亭上樑文」,「長安門上樑文」.

疏箚.「代太學生請陞配有子大成殿疏」,「進興王肇乘箚」.

傳.「洪孝子次奇傳」.

諡狀.「恭宣王諡狀」.

碑.「梧川李相國龍灣紀惠碑」,「紫霞洞九齋遺墟碑」,「昌寧曹氏始祖墓壇碑」,「長城南門倡義碑」.

祭文.「祭伯舅樗村沈先生文」.

哀辭.「尹參判東昇哀辭」.

策題.「東海」[26].

되어 있음.

25 「三公子讓國論」은 초간본 『耳溪集』에는 보이지 않음.

○ 4책 : 권4-5

"萬物原始"下「仰觀篇」,「俯察篇」,「近取篇」,「遠取篇」,「雜物篇」,「撰德篇」.

"六書經緯"下「仰觀篇」,「俯察篇」,「雜物篇」,「撰德篇」,「辨名篇」.

『이계유집초』에 수록된 작품들을 일일이 초간본『이계집』과 대교해보면 각주에서 알 수 있듯이 다른 제목으로 필사되어 있기도 하고, 초간본에 보이지 않는 작품들까지 수록되어 있기도 하다. 물론 실제 원문 내용을 무시한 채 제목만으로 유무를 확정할 수는 없지만 적어도 위와 같은 대교 결과는 이 자료의 서지적 가치를 보여준다고 할 수 있다. 또한 4책까지는 주묵(朱墨) 비점(批點)이 사용되고 있어 이 자료의 서지적 가치를 인정할 만하다.

4. 나오며

이상에서 본 연구자는 러시아 상트페테르부르크 국립대학 및 동방학연구소 소장 한국학 자료들 가운데, 기왕의 연구에서 소홀히 넘어갔던 몇몇 자료들을 소개하였다. 그 대표적인 자료로서 국립대학 소장『주찰』과『기묘록보유』, 동방학연구소 소장『국조정토록』과『이계유집초』등을 거론하였다. 서지적으로는 유일본인『주찰』을

---

26 「東海」는 초간본『耳溪集』권18에「增廣文科初試策題」로 수록되어 있음.

제외한 나머지 3종은 희귀본에 속하고, 내용적으로는 정치, 사회경제, 역사, 전쟁사, 문학자료로서 유의미한 자료라 할 수 있다. 이외에도 현지 조사를 통해 새롭게 가치를 부여할 만한 자료들이 있었는데, 대부분 희귀본에 속하였다. 그 가운데 하나를 꼽자면, 동방학연구소 소장본 『박고(博古)』(Call number : C58)가 주목할 만하다. 다만 짧은 조사 기간과 여의치 않은 실물 조사작업으로 인해 역시 개략적인 소개에 그치게 된 점을 안타깝게 생각한다. 유일한 이본(異本)으로서 동방학연구소 소장본 『박고』는 불분권(不分卷) 2책의 필사본이다. 자료의 성격상 역대인물대사전류로 볼 수 있는데, 규장각 소장본 『박선(博選)』(필사본, 2책. 청구기호 : 想白古 920.052-B15)의 이본으로 추정된다. 이 자료는 중국의 역대 제왕, 각 분야의 인물들을 여러 항목으로 구분하여 간략하게 소개한 책인데, 「제왕(帝王)」(반고(盤古)부터 명영락제(明永曆帝)까지), 「후비(后妃)」(강원(姜嫄)부터 명공후(明恭后)까지), 「공주(公主)」(낙창공주(樂昌公主)부터), 「효자(孝子)」(민손(閔損)부터 은보(殷保)까지), 「효부(孝婦)」(양향(楊香)부터) 등까지 다양한 인물들을 분류하여 소개하고 있다. 그런데 동방학연구소 소장본 『박고』의 특징은 말미에 우리나라의 역대 산천(山川), 명신(名臣), 명현(名賢) 등의 목록을 부록으로 실어놓았다는 점이다.

본문을 통해 개략적으로 소개한 자료들은 서지적으로나 내용적으로도 그 가치와 등급이 높은 편에 속한다. 다만 여러 가지의 제약들로 인하여 유일본으로서 그 내용이 어떠한지, 이본으로서 그 서지적 가치가 어떻게 규명되는지를 현지 조사 때 구체적으로 검토하지 못한 점이 아쉽다. 뿐만 아니라 발표자의 부족함으로 인해 미처 부각시키지 못한 중요 자료들이 있으리라 짐작된다. 향후 이상에서 거론된 자료 및 여타 자료들에 대한 심도 있는 연구가 현지 학자와 방문 학자들에 의해 계속 진행되기를 바란다.

참고문헌

- 박재연·김영, 「애스턴 구장 번역고소설 필사본 〈슈스유문(隨史遺文)〉 연구: 고어 자료를 중심으로」, 『어문학논총』 23, 국민대 어문학연구소, 2004.
- 박진완, 「러시아 동방학연구소 애스턴 문고의 한글 자료: 한국어 학습 과정과 관련하여」, 『한국어학』 46, 한국어학회, 2010.
- 정구복, 「〈國朝征討錄〉의 자료적 성격」, 『장서각』 9, 한국학중앙연구원, 2003.
- 정병설, 「러시아 상트베테르부르크 동방학연구소 소장 한국고서의 몇몇 특징」, 『규장각』 43, 서울대 규장각 한국학연구원, 2013.
- 코뱌코바 올리아나, 「애스톤 문고 소장 『Corean Tales』에 대한 고찰」, 『서지학보』 32, 한국서지학회, 2008.
- 허경진·유춘동, 「러시아 상트페테르부르크 국립대학과 동방학연구소에 소장된 조선전적(朝鮮典籍)에 대한 연구」, 『열상고전연구』 36, 열상고전연구회, 2012.
- 허경진·유춘동, 「구한말~일제강점기, 외국인의 조선전적(朝鮮典籍) 수집의 현황과 의미: 러시아 상트페테르부르크 국립대학과 동방학연구소, 일본 고마자와대학 소장본을 중심으로」, 『고전번역연구』 4, 한국고전번역학회, 2013.
- 허경진·유춘동, 「애스턴(Aston)의 조선어 학습서 〈Corean Tales〉의 성격과 특성」, 『인문과학』 98, 연세대 인문학연구원, 2013.

애스턴의 조선어 학습서 『Corean Tales』의 성격과 특성

허경진·유춘동

1. 서론

애스턴(W.G. Aston, 1841~1911)은 대한제국 시기에 영국 총영사(總領事)를 역임했던 인물로 당대 외국인 사이에서 이름난 조선전적(朝鮮典籍) 수집가였다.[1] 언어학자이기도 했던 그는 '조선어와 조선문학'의 특성을 밝히기 위하여 많은 자료를 수집했다. 그리고 이를 바탕으로 여러 편의 논문도 발표하였다.[2] 하지만 국내에서는 이러한 애스턴의 행적이나 그가 수집했던 장서(藏書)에 대한 연구가 거의 이루어

---

1 모리스 쿠랑도 『한국서지』를 쓰면서 애스턴의 장서를 활용했음을 볼 수 있다. 모리스 쿠랑, 이희재 역, 『한국서지(Bibliographie Coréenne)』, 일조각, 1994, 1~3쪽.

2 W.G. Aston, "Writing, Printing and the Alphabet in Korea", *The Journal of the Royal Asiatic Society of Great Britain and Ireland*, Vol.1, 1895. ; 이 논문의 성격과 가치는 김민수가 논한 바 있다. 김민수 외, 『외국인의 한글 연구』, 태학사, 1999.

지지 않았다.

애스턴이 수집했던 조선전적은 현재 영국 케임브리지대학과 러시아 상트페테르부르크 동방학연구소에 나뉘어 소장되어 있다. 이 글에서 살필 『Corean Tales』[3]는 러시아 상트페테르부르크 동방학연구소에 있는데 접근의 어려움으로 인하여 최근까지 이 책은 국내 연구자들에게 제목만이 알려진 상황이었다. 따라서 책 제목만으로 내용을 추정하여 대한제국 시기의 많은 외국인에 의하여 채집되고 간행되었던 '설화집(說話集)'의 하나일 것으로 언급되기도 하였다.[4] 그러나 이전부터 러시아의 조선문학 연구자인 A.F 트로체비치와 A.A 구리예바 교수가 이 책을 다루었고,[5] 러시아 유학생 울리아나가 한국에서 『Corean Tales』를 본격적으로 소개하였다. 울리아나에 의하면 이 책은 채집된 설화집이 아니라 애스턴의 조선어 교사였던 김재국이라는 인물이 애스턴의 조선어 학습을 위하여 만들어 준 이야기책이라고 한다.[6]

국내에서는 『Corean Tales』가 최근에야 존재와 성격이 알려졌기에 이 책에 대한 연구가 거의 없었다. 그러나 이 책은 원 소장자였던 애스턴을 비롯하여, 여러 외국인 학자들에 의하여 논의된 바 있다.

---

3 『Corean Tales』는 '조선설화', '조선이야기', '조선민담', '조선야담' 등으로 번역할 수 있다. 참고로 러시아에서는 이 책을 '조선야담'이라 번역하여 부르고 있다.

4 조희웅, 『이야기 문학 가을갈이』, 글누림, 2008.

5 Ким Чегук, *Корейские новеллы, Петербургское востоковедение*, 2004.

6 코뱌코바 울리아나, 「애스톤 문고 소장 『Corean Tales』에 대한 고찰」, 『서지학보』 32, 서지학회, 2008.

애스턴은 이 책에 실린 이야기를 토대로 조선어의 특성, 조선의 풍속 등을 언급하였고,[7] 엘리셰예프는 이 책을 "조선 민중문학의 대표적인 작품", "중세문학에서 근대문학으로의 이행하는 시기의 단편 장르의 진화 과정을 보여주는 중요한 작품"으로 평가하였다.[8] 이외에도 몇 편의 연구 성과가 있었는데, 종합한다면 '19세기말~20세기초, 조선의 언어·사회·풍속·문학의 특징을 보여주는 중요한 자료'라고 정리할 수 있다.

두 필자는 2009년 5월에 러시아 상트페테르부르크 동방학연구소에 방문하여 트로체비치와 구리예바 교수의 도움을 받아 이 책을 직접 열람하였다. 당시 이 책과 함께 조선어 교사였던 김재국이 애스턴을 위하여 필사해 준 여러 자료도 함께 볼 수 있었다. 김재국은 『Corean Tales』뿐 아니라, 『표민대화(漂民對話)』, 『교린수지(交隣須知)』와 같이 일본에서 만들어진 조선어 학습서, 『이언(易言)』 등의 조선어 단어-어휘집 등을 『Corean Tales』보다 먼저 필사해서 애스턴에게 주었고, 마지막으로 이 책을 만들었다.[9]

---

7 W.G. Aston, "Corean Popular Literature", *Transaction of the Asiatic Society of Japan* Vol XVIII, Tokyo, 1890. ; W.G. Aston, "Chhoi-Chung: a Korean Marchen", *Transaction of the Asiatic Society of Japan*, 1900.

8 Рифтин Б.Л, *Зарождение и развитие классических вьетнамской новеллы Пове лителъ демонов ночи*, М, 1969.

9 애스턴 소장본이었던 『표민대화(漂民對話)』와 『교린수지(交隣須知)』는 기시다, 편무진 교수에 의하여 소개된 바 있다. 岸田文隆·편무진, 「隣語大方 解題」, 『W.G. Aston 旧蔵·京都大学文学部所蔵 隣語大方 解題, 索引, 原文』, 不二文化, 2005. ; 岸田文隆·편무진, 「漂民対話 解題」, 『W.G. Aston 旧蔵·京都大学文学部所蔵 漂民対話 解題, 本文, 索引, 原文-』, 不二文化, 2006. 그러나 『Corean Tales』와 관련된 일련의 문제

단언하기는 어렵지만 김재국은 당시 주변에서 구할 수 있었던 이 야기책을 전사(轉寫)하면서 책을 만든 것이 아닐까 추정하고 있다. 애스턴의 메모를 보면 김재국이 당시 프랑스 선교사들로부터 들었 던『여우의 재판(Reineke Fuchs)』과 같은 우화(寓話)를 잘 이해할 수 있을 것이라고 하였다.[10] 따라서『Corean Tales』에 실린 이야기들은 김재국이 서양의 우화에서 영감을 받은 재미있고도 교훈적인 내용 에 착안하여 조선의 옛이야기들을 부연-윤색하였고, 애스턴의 이해 를 돕기 위해 한자(漢字)를 병기하거나 순 우리말일 경우에는 동의어 (同義語)나 주(註)를 다는 방식으로 만들었다고 보인다. 이 책의 저본 이 무엇이었는가는 현재까지 확인할 수 없었지만 애스턴 소장본 중 소설책 대부분이 세책본(貰冊本)이었던 점을 생각해본다면 세책본을 활용했을 가능성이 높다.

현재의 관점으로 보자면 그는 '한국학(韓國學)의 원조(元祖)'라고 할 수 있다. 따라서 애스턴의 행적과 그가 수집했던 자료는 19세기 후반 에서 20세기 초까지의 조선어와 조선문학의 실상을 이해하는데 도 움을 줄 수 있다. 또한 쿠랑(Maurice Courant), 게일(James Scarth Gale,

---

는 다루지 못했다.

10 애스턴은 그의 조선어 교사였던 김재국을 다음과 같이 소개했다. "Corean Tales by Kim Che Kuk (my Corean teacher) a christian, which will account for the Reineke Fuchs story no doubt introduced by the French missionaries.(나의 조선 어 선생인 기독교인 김재국에 의해 씌어진 〈Corean Tales〉는 프랑스 선교사에 의해 소개된 〈Reineke Fuchs〉를 의심 없이 설명할 것이다.)" 김재국이 어떤 인물이었고 어떤 활동을 했는지 현재로서는 관련 기록의 부재로 찾아보기가 어렵다. 다만 1920 년대『조선직원록』에 김재국이라는 인물이 있다. 동일 인물인지의 여부는 좀 더 확인 해 보아야 할 것이다.

1863~1937), 알렌(Horace Newton Allen, 1858~1932)과 같은 외국인들이 어떤 과정을 통해 조선어와 조선문학과 관련된 연구 성과를 이룰 수 있었는지를 밝힐 수 있어서 중요하다.

이 글은 본래 19세기 말 외국인들의 조선에서의 행적, 특히 조선문학에 대한 관심이 어떠한 목적에서 시작되었으며 그 성과는 무엇이 있었는지를 살피려는 입장에서 기획된 것이다. 이 논의는 외국인이 만든 '한국학 관련 서적'이나 '설화집' 등이 어떤 방식으로 어떻게 만들어졌는지에 대한 질문의 답을 찾는 과정이기도 하다. 본 논문에서는 애스턴의 소장본이었던『Corean Tales』의 내용을 소개하고 검토하면서 이와 관련된 여러 시사점들을 제시하는 것에서 의의를 찾고자 한다.

2.『Corean Tales』의 서지와 편찬 과정

김재국이 애스턴의 조선어 학습을 위하여 필사해 준『Corean Tales』는 〈사진 1〉과 같이, 매 작품마다 '제목(題目)－부제(副題)－내용[本文]－평(評)'의 형식으로 되어 있다. 제목과 부제의 경우 한글과 한자(漢字)를 병기하였고, 내용은 매면 10행, 행당 18~25자 내외로 썼으며, 내용의 이해를 돕기 위하여 순우리말이나 난해한 단어에는 주(註)를 달아놓았다. 그리고 이야기의 마지막에는 김재국이 직접 평(評)을 붙였고, 자신이 필사했던 시기와 장소〈사진 2〉를 기록하였다.

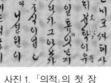

사진 1. 「의적」의 첫 장   사진 2. 「의적」의 마지막 장

김재국은 총 11편의 이야기를 시간과 장소를 달리하며 필사하였
다. 필사기에 의거하여 이야기의 선후를 정리해보면 먼저 「친사간상
젼[雪冤]」 1편을 乙酉(1885) 六月日 미동(美洞)에서 필사했고, 두 달 후
인 乙酉(1885) 八月初七日 정동(貞洞)에서 「멸샤긔(滅邪記)」, 「최경 비
리호숑(非理好訟)」, 「니김량셩긔(李金兩姓記)」, 「용지취과(用智娶寡)」 4
편을 필사해 주었다. 이후 20여 일이 지나 乙酉(1885) 八月二十五日
에는 「젼쟝호(傳掌虎)」, 「미립음쥬(賣笠飮酒)」, 「걸인시혜(乞人施惠)」,
「빅호산군식랑(白虎山君食狼)」, 「니싱계쥬(李生戒酒)」, 「의적(義賊)」 6
편을 정동에 있던 영국공아관(英國公衙館)에서 필사했다. 김재국이
필사한 11편의 이야기들은 애스턴이 후에 양장(洋裝)하여 두 권의 책
으로 만들었다. 이 때 「친사간상젼[雪冤]」 한 권, 나머지 10편의 이야

기 모두를 한 권으로 묶었다. 마지막으로 애스턴은 『Corean Tales』
라고 직접 제목을 붙였다.[11]

　이 책의 성격과 편찬 과정을 이해하기 위해서는 김재국이 애스턴
을 위해 필사해 준 일련의 책들을 함께 설명할 필요가 있다. 김재국
이 애스턴의 요구에 의하여 가장 먼저 필사한 것은 『표민대화』, 『교
린수지』와 같이 일본에서 간행된 조선어 회화서였다. 애스턴은 일본
어 연구에도 정통했던 인물로,[12] 일본 영사(領事)를 역임하며 일본어
를 연구하던 중에 『표민대화』, 『교린수지』, 『인어대방(隣語大方)』,
『강화(講話)』 등을 접했던 것 같다. 이때부터 조선어에도 깊은 관심
을 갖고 꾸준히 공부했던 것으로 여겨진다. 그 결과 『승정원일기(承
政院日記)』와 헐버트(Homer Bezaleel Hulbert, 1863~1949)의 기록에서 볼
수 있듯이, 상당한 수준의 조선어 능력을 갖고 있었고, 따로 조선어
통역관 없이 왕을 접견할 수 있을 정도로 자유롭게 조선어를 구사할
수 있었다.[13]

---

11 선행 연구에서는 『Corean Tales』가 한 권이라 소개했지만 이 글을 통해서 바로잡기
　로 한다. 상트페테르부르크 동방학연구소 소장 청구기호에 의거한다면 앞의 것은
　B34, 뒤의 것은 C13이다.

12 W.G. Aston, *A Grammar of the Japanese Spoken Language*, BiblioBazaar,
　2008.

13 『승정원일기』에 언급된 애스턴 관련 기사는 총 6건이다. 이 중에서 그의 조선어 능력
　을 보여주는 대목은 다음과 같다. "통역은 어떻게 하는가?" 하니, 김병국이 아뢰기를,
　"애스턴[阿須頓]이 우리나라 말을 좀 알기 때문에 그를 시켜서 전어(傳語)하도록 하
　였습니다." 하였다. 『승정원일기』 고종 21권, 21년(1884) 4월 7일. ; H. B. 헐버트
　지음, 신복룡 옮김, 『대한제국멸망사』, 집문당, 1999. ; 김동진, 『파란 눈의 한국혼
　헐버트』, 참좋은친구, 2010.

이러한 애스턴이 조선에 입국한 뒤로 가장 먼저 했던 일 중의 하나
는 자신이 일본에서 보았던 『표민대화』나 『교린수지』가 얼마나 조선
어의 언어 현실을 반영하고 있는지, 그리고 두 책이 만들어졌던 시기
와 대조하여 어떠한 변화가 있었는지를 확인해 보고자 한 것이다.
그래서 조선어 교사 김재국을 따로 고용하여 이와 관련된 작업을 전
개해 나갔다.

애스턴이 그의 조선어 교사였던 김재국이 어떤 과정을 거쳐 채용
되었고, 어떤 인물이었는지 현재로서는 자세히 알 수 없다. 다만 앞
서 언급했던 것처럼 애스턴이 남긴 메모를 보면 "그가 기독교인이면
서 프랑스 선교사로부터 소개된 (서양의) 민담집을 잘 이해했던 사
람"14이라 하였다. 아마도 김재국은 당시의 다른 조선어 교사나 조선
어 통역관과 다르게 서양의 설화(說話)에 대한 이해, 더 나아가 조선
의 옛이야기에 정통했었던 인물로 보인다.

애스턴과 김재국이 처음 만났던 시기는 김재국이 필사해 준 책의
필사기를 통해서 대략 갑신년(甲申年, 1884) 11월 23일 전후였던 것으
로 보인다. 애스턴이 김재국에게 처음 부여했던 작업은 자신이 일본
에서 읽었던 『표민대화』와 『교린수지』를 필사하는 일이었다. 그러
나 이때, 두 책을 당시의 입말[口語]과 현실을 반영하여 고쳐 쓰게
하였다. 이렇게 처음 필사된 책이 애스턴 소장본인 『조선어 회화서』

---

14 각주 10)번 참조. "Corean Tales by kim Che Kuk (my Corean teacher) a christian,
which will account for the Reineke Fuchs story no doubt introduced by the
French missionaries."

이다.[15] 김재국이 어떤 방식으로 책을 필사했는지는 다음의 예문을 통해서 확인된다.

　　[예 1]

　　[1] 以前 못 보왓닉. 자닉들은 意外예 漂流 ᄒᆞ옵다가 죽키 苦生을 ᄒᆞ엿습ᄂᆞᆫ가 시브외 나도 傳語官이온디 今船은 同官닉 問情時任의 當ᄒᆞ여 왓스오니 내 올 ᄎᆞ례 아니로되 傳語官 所任의 이셔 朝鮮사ᄅᆞᆷ이 漂泊을 든나마 아니ᄒᆞ보기ᄂᆞᆫ 人事之道의 맛당치 아니ᄒᆞ매 내 사던 ᄆᆞ올의셔 二百 里만 隔ᄒᆞ여 잇스오나 暫間 보고져 ᄒᆞ여 부러 왓닉.

　　[1'] 전에 못 뵈야쏘. 당신네가 의외에 초풍ᄒᆞ여 작키 고성되여 쓰릿가. 나는 역관인데 이번 동관의 문정소임의 당ᄒᆞ여 와쏘. 나 올 ᄎᆞ례는 아니라도 역관 소임으로 조선사람 초풍흔 말 듯고 아니와 보는 거시 인ᄉᆞ에 범연ᄒᆞ기로 잠간 보려고 부러 와쏘.

　제시한 예문을 보면 『표민대화』에서의 어려운 말은 쉬운 말로 고 쳤고, 가능한 입말[口語]에 가깝게 썼음을 알 수 있다. 이러한 방식으 로 김재국은 『표민대화』와 『교린수지』의 내용을 고치며 필사하였 다. 특이한 점은 서울 지역의 풍속이 나오면 좀 더 자세히 내용을 기술했다는 점이다.

　　[예 2]

　　[2] 아모리 ᄒᆞ여도 京地ᄂᆞᆫ 그 者들 노릇을 긔경ᄒᆞᆫ 사롬도 잇습

---

15 원래 무제(無題)였던 것을 러시아 동방학연구소에서 『조선어 회화서』라는 가제(假 題)를 새로 붙였다. 이 책의 청구기호는 C-5이다.

고 (…후략…)

　　[2'] 셔울은 사람이 만은 고지로 꽝디 쇼리도 듯고 줄 타는 구경도
ㅎ고 돈 쥬는 사람이 만코 (…후략…)

　위의 예문을 보면『표민대화』와는 다르게 서울의 풍속을 구체적
으로 기술한 것을 볼 수 있다. 서울의 풍속을 이처럼 자세히 기술했
던 이유는 애스턴의 요구였을 수도 있지만 김재국이 서울 사람이었
기 때문에 자세한 묘사가 가능했다. 이러한 방식으로『표민대화』와
『교린수지』를 필사해 주었던 김재국은 필사기를 통해서 자신의 생
각을 애스턴에게 제시하였다.

　　[예 3]
　　이 웃말은 지끔 말이로되 일은 녯날 널이 만으니 상고ㅎ기 어렵고
요긴ㅎ지도 안이ㅎ니 아마 쓸데 업게쏘. 그러나마 우션 보기는 편홀
터이오, 그러나 글노 쓰는 말이 암만 쉬운 말이라도 입으로 ㅎ는 말
과 좀 다를 밧게 슈가 업스니 그거시 걱정이오.

　제시한 예문을 보면 애스턴의 요구대로『표민대화』와『교린수지』
를 실정에 맞게 보완하면서 옮겨 쓰기는 하였지만 조선의 풍속이 옛
날과 비교하여 많이 변했고 문어(文語)와 구어(口語)에는 차이가 있어
서 걱정이라는 항변을 했다.[16] 이러한 김재국의 말에 애스턴이 어떻

16　岸田文隆,「隣語大方 解題」,『W.G. Aston 旧蔵·京都大学文学部所蔵 隣語大方 解
　　題, 索引, 原文』, 不二文化, 2005. ; 岸田文隆,「漂民対話 解題」,『W.G. Aston 旧蔵

게 반응했는지는 알 수 없지만 애스턴은 이후 조선어의 단어-숙어
등을 정리하는 작업을 시켰다. 이렇게 만들어진 책이 우리말 단어-
숙어 정리집인 『이언』이다. 그리고 이러한 작업의 마지막이 '조선의
옛이야기(Corean Tales)'를 필사하는 것이었다.

이 책을 보면 기존에 보았던 설화집의 형태와는 다르게 내용만
기술되어 있는 것이 아니라, 한자를 병기하거나 주(註)를 달고, 또
이야기마다 내용의 이해를 돕기 위하여 평(評)이 제시되었다. 이는
조선어 단어와 숙어의 정확한 의미, 우리말의 용례와 입말[口語]의
특성, 이야기로 구현되는 조선의 문화와 풍속 등을 이해하기 위해서
였던 것으로 보인다. 이렇게 만들어진 책이 바로 현재 우리가 볼 수
있는 『Corean Tales』이다. 따라서 이 책은 이러한 편찬 과정을 염두
에 두고 수록된 작품의 양상과 특징을 파악해야 할 것이다.

3. 『Corean Tales』의 수록된 이야기의 양상과 특성

앞서 언급했던 것처럼 두 권의 『Corean Tales』에 실린 이야기는
총 11편이다. 이야기의 각 편을 정리하면 다음과 같다.

· 京都大学文学部所蔵 漂民対話 解題, 本文, 索引, 原文』, 不二文化, 2006.

편명/분량	내용
친사간상젼 [雪冤] 17장	서울(백동)과 시골(고양)에 살던 두 양반은 매파를 통하여 혼사를 이루었다. 두 집안에서는 매파에게 혼인을 하면 사례금을 준다고 약속했었지만 약속을 지키지 않았다. 이에 매파는 복수를 결심해서 두 집안을 이간질시킨다. 두 집안의 아버지들에게 각각 두 사람이 이야기를 잘하다가 갑자기 사람을 때리는 광증(狂症)이 있다고 했다. 이 말을 들은 사돈은 서로 만나기를 꺼려하고 만난 후에는 서로 몽둥이로 상대방을 때리는 지경에까지 이르렀다. 이후 두 사돈은 매파의 계교 때문인 것을 알고, 매파를 후히 대접했다.
멸샤긔 (滅邪記) 58장	뱀은 목정승의 딸이 아름답다는 말을 듣고 인간이 되어 혼인하려 했다. 뱀의 친구인 여우가 이를 말리지만 듣지 않고 인간으로 변하여 목정승에게 접근한다. 목정승은 인간으로 변신한 뱀을 사위로 삼으려한다. 이때 목정승 집안에서 일하던 왕우가 정체를 알아차리고 여러 계략을 통하여 끝내 뱀을 퇴치한다. 그리고 이후에는 목정승의 사위가 되고 큰 벼슬에 오르게 된다.
최경 비리호숑 (非理好訟) 26장	최모와 김기는 친구사이로 김기는 최모에게 일만 냥을 빌려주었다. 최모는 장사에 실패하고 돈을 되갚지 못하자 병이 든다. 이에 김기는 최모를 찾아가 악착같이 돈을 받으려한다. 그래서 최모는 화병으로 죽는다. 이후에도 김기는 돈을 되돌려 받으려 악착같이 행패를 부리고 관가에 고발까지 한다. 이에 최모의 아들 최경은 한성부의 서리와 짜고 소장(訴狀)을 위조하여 반대로 김기를 처벌받게 한다. 형벌을 받게 된 김기는 이후 개과천선하고 가난한 사람들에도 재물을 베푼다.
니김량셩긔 (李金兩姓記) 54장	초야(初夜)를 치루려던 신랑이 자신을 죽이겠다는 협박을 듣고는 신부와 파혼한다. 이후 신랑은 과거에 급제하여 암행어사가 되었고 이 문제를 해결하기 위하여 신부의 집을 찾게 된다. 그래서 자신을 협박했던 것이 계모의 간계로 일어난 것임을 알고 되고 계모를 징치하며 다시 신부와 혼인을 하게 된다.
용지취과 (用智娶寡) 11장	지혜를 써서 과부와 혼인한 이야기
젼쟝호 (傳掌虎) 5장	호랑이가 계속 사람들 사이에서 전해지는 내력(來歷)
민립음쥬 (賣笠飮酒) 4장	건망증이 심한 사람의 이야기

편명/분량	내용
걸인시혜 (乞人施惠) 4장	가난한 선비가 의로운 행동을 통하여 결국에는 부자가 된다는 이야기
빅호산군식랑 (白虎山君食狼) 7장	여우가 이리의 모함에 빠져 호랑이에게 죽을 위기에 처했다가 지혜를 발휘하여 위기에서 벗어나고 자신을 모함에 빠트린 이리를 죽인다는 이야기
니싱계쥬 (李生戒酒) 15장	형이 주색에 빠진 동생을 여러 기지로 학문에 정진케 하여 개과천선시키는 이야기
의적(義賊) 11장	모함에 빠진 선비를 도적이 증언을 통해 구해낸다는 이야기

「친사간상젼」은 혼인에 대한 사례금을 받지 못한 매파가 원한을 품고 사돈끼리 싸우게 한다는 혼인담 유형, 「멸샤긔」는 인간으로 변한 뱀(구렁이)을 지혜로 물리친다는 동물-지략담 유형, 「최경 비리호숑」은 악인을 선인으로 변화시키는 선불선 유형, 「니김량성긔」는 초야에 가출한 신랑담, 「용지취과」는 점쟁이를 매수하여 과부와 혼인하는 혼인담, 「견쟝호」는 호랑이가 여러 사람들 손에서 손으로 전해지는 유래담, 「민립음쥬」는 건망증이 심한 선비의 소화(笑話), 「걸인시혜」는 가난한 선비가 선의 구현으로 복을 받는다는 보은담, 「빅호산군식랑」은 여우를 모함한 늑대가 도리어 호랑이에게 죽임을 당한다는 동물-우화담이다. 「니싱계쥬」는 술과 여자를 좋아했던 동생이 형의 계략으로 개과천선하여 재상(宰相)에까지 오르게 한다는 계략담, 마지막으로 「의적」은 모함에 빠져 죽을 위기에 처한 선비를 위하여 도둑이 나서서 해결하는 의인담이다.

이 이야기들을 보면 대부분 민담(民譚)에 속하는 것들이다. 아울러 선행연구에서 정리해 놓은 설화 유형으로 분류해본다면 인물담(人物譚), 지략담(智略譚), 이물담(異物譚), 사건담(事件譚), 이합담(離合譚), 소사(笑事), 선불선(善不善), 유래(由來)에 속하는 것들이다.[17] 이처럼 『Corean Tales』의 내용은 대부분 우리에게 친숙한 것들이다.

 그러나 각 편을 기존에 알려진 것들과 대조해보면 세부적인 내용에서 큰 차이가 있고, 짧은 분량이 확대된 것도 있다. 「친사간상전」의 경우, 이와 비슷한 유형의 이야기는 대부분 집안끼리 서로 싸우고 파경(破鏡)으로 끝나지만 이 이야기에서는 서로 화해하고 매파에게도 사례금을 준다는 행복한 결말로 끝난다. 「멸샤긔」에서는 뱀(구렁이)를 퇴치하는 과정에서 온갖 지혜가 동원되고 또 이 과정에서 뱀의 친구였던 여우와 매가 등장하여 뱀(구렁이)을 응징하는 내용 또한 등장한다. 그리고 「최경 비리호송」에서 악인을 선인으로 변화시키는 과정에서 구체적으로 당시의 한성부 서리를 등장시켜 이와 짜고 소장(訴狀)을 위조하여 고리대금업자를 응징한다는 당대 현실을 반영하는 내용을 첨가시켰다. 그리고 「니김량셩긔」에서는 초야에 가출한 신랑이 암행어사가 되어 문제를 해결한다는 점에서 새로운 유형을 첨가시켰고 마지막 「젼쟝호」는 기존에 알려진 여러 호랑이 이야기와는 다른 새로운 이야기의 소개되었다. 아울러 이야기의 배경은 모두 우리나라로 설정해 놓았다.[18]

---

17 서대석, 「문헌설화의 제재별 분류안」, 『조선조문헌설화집요 I-II』, 집문당, 1990, 672~681쪽.

18 작품의 배경을 모두 조선으로 하고 있다. 예를 들어 각 작품의 서두를 적어보면 다음과 같다. 됴션국 평양 도읍 시졀에, 수삼십 년 젼에 대됴션국 츙쳥도 닉포 ᄯᅡ혜 사ᄂᆞᆫ

이러한 변개나 새로운 내용의 첨가나 확대가 선행본을 그대로 따른 것인지의 여부는 앞으로 좀 더 탐구해야 할 과제이다. 그러나 김재국은 선행본을 가져다가 필사하면서 적절히 내용을 변개하거나 부연-확장시켰던 것으로 보인다. 이는 김재국의 언급을 통해서 확인된다.

> 이는 눔을 해ㅎ려ㅎ야 아첨ㅎ는 사룸을 경칙ㅎ는 말이니, 사룸이 눔을 해ㅎ려 ㅎ면 도로혀 제가 해롤 밧는 거시니, 이 일희의 여호를 죽이려 ㅎ다가 제가 죽는 것과 엇지 다르리오? 가히 삼가지 아니홀가? 다시 싱각ㅎ오니 빅호산군이 아니오 스즈의 리약이오니 감ㅎ옵쇼셔. 〈18장, 앞면〉

> 대망의 흉녕홈이나 여호의 간교홈이나 그 독홈을 의론ㅎ면 사룸을 해ㅎ기는 일반이오, 쏘 그 지각이 업숨도 일반이디 엇지 어나 거슨 션(善)ㅎ고, 어나 거슨 악(惡)ㅎ다 ㅎ리오? 쏘 천년응(千年鷹)과 뢰화승(雷花僧)은 더욱 허황ㅎ니, 일뎡코 다 밋지 아닐 거시로디, 장장(長長) 하일(夏日)의 더위(熱)롤 물니치기롤 위ㅎ고 쏘 어학(語學)에눈 꺼(忌)릴 거시 업는 고로 진실ㅎ 말 모양으로 쓰나 도로혀 싱각ㅎ니 붓그럽도다. 〈100장, 앞-뒷면〉

제시한 예문은 「빅호산군식랑」과 「멸샤긔」에 김재국이 평(評)을 붙인 것이다. 「빅호산군식랑」에 대한 평을 하면서 이야기가 원래 범

니싱원이라 ㅎ는 션비 잇스니, 수빅 년 전에 경성京城에 사는 션비 잇스니 셩이 니씨라, 수빅 년 전에 됴션국 도셩 안헤 사는 최모ㅣ라 ㅎ는 쟈ㅣ.

이 주인공이 아니라 사자라는 언급을 했고, 「멸샤긔」에서는 "쟝쟝 하일의 더위룰 물니치기룰 위ᄒ고 ᄯ 어학에ᄂ ᄶᅦ릴 거시 업ᄂ 고로 진실ᄒ 말 모양으로 쓰나 도로혀 싱각ᄒ니 붓그럽도다"와 같이 필사의 대상이었던 저본에 대한 불만을 적고 있다. 이러한 예는 앞서 언급했던 『표민대화』와 『교린수지』에서의 언급과 일치한다.

또한 『Corean Tales』를 보면 선행본의 흔적이 여러 곳에서 발견된다. 예를 들어, 『Corean Tales』의 40장 뒷면, 78장 앞면을 보면 동일한 글자가 두 번 반복되는 오류가 있다. 이것은 필사자가 저본(底本)을 전사(轉寫)하는 과정에서 생기는 흔한 오류이다.[19] 따라서 김재국은 선행본을 가져다가 적절히 내용을 변개하거나 부연-확장하면서 이 책을 만든 것으로 생각된다.[20] 여기에 변개-부연-확장의 방법은 애스턴이 남긴 메모에 의거한다면 프랑스 선교사들에게 소개받았던 『여우의 재판(Reineke Fuchs)』의 선례를 따르거나[21] 이에 착안하여 이야기책을 만든 것으로 보인다.

문제는 이 책의 선행본이나 저본이 무엇이었을까 하는 점이다. 앞장에서 〈사진 1, 2〉로 제시한 것처럼 이 책은 매 면 일정한 행수로 필사되어 있고, 마지막 부분에는 자신이 필사한 곳의 동(洞)을 표시하고 있다. 이것은 세책본의 외형적인 특징을 그대로 따른 것이다.

---

19 류탁일, 『한국문헌학연구』, 아세아문화사, 1993.

20 한 가지 더 생각할 수 있는 가능성은 구연자의 이야기를 채록하여 정리한 본을 다시 필사했을 경우이다.

21 괴테가 중세 유럽 시대에 널리 유포된 '여우 이야기'를 바탕으로 재창작한 민담집(民譚集)이라고 한다. 막스 뤼티 지음, 김홍기 옮김, 『유럽의 민담』, 보림, 2005, 12쪽.

19세기에서 20세기 말의 조선을 방문했던 외국인의 정동(貞洞) 일대에 세책점이 많았다는 증언과[22] 애스턴이 소장했던 소설 자료가 대부분 세책본이라는 점을 생각해본다면 김재국이 필사해준 『Corean Tales』는 세책본을 저본으로 필요한 내용을 적절히 고쳤을 가능성이 높아 보인다.

문제는 왜 이야기책을 마지막으로 필사해주었는가 하는 점이다. 이 책의 내용을 보면 모두 재미있는 이야기들이지만 한편으로는 조선의 사회, 문화, 풍속 등을 보여주는 것들이 주를 이룬다. 가장 대표적인 예가 「친사간상전」이다. 이야기를 보면 당대 혼인의 과정, 매파의 역할, 양반의 화법, 서울과 시골(고양)의 차이는 물론 등장인물의 생생한 모습이나 발화를 볼 수 있다.

> [1] 녯적에 흔 션비는 아들을 나하 잘 길너 ᄀᄅ치고, 흔 션비는 ᄯᅩᆯ을 나하 잘 길너 ᄀᄅ쳐셔 만금ᄀᆺ치 보호ᄒᆞ며, 아들 둔 집은 며ᄂᆞ리롤 구ᄒᆞ고 ᄯᅩᆯ 둔 집은 녀셔롤 구ᄒᆞ나 피ᄎᆞ의 아지 못ᄒᆞ니, 통혼홀 수 업ᄂᆞᆫ 중에 아들 둔 집 셩은 김씬더 ᄒᆞ로는 중미ᄒᆞᄂᆞᆫ 계집이 와셔 문안드리고 이말 뎌말 ᄒᆞ기롤 (…후략…)
>
> [2] 너는 미리 샹급이니 힝하ㅣ니 ᄒᆞ고 토식 몬져ᄒᆞᄂᆞᆫ고나. 셰속 말에 중미가 잘ᄒᆞ면 술이 세 잔이오 잘못ᄒᆞ면 ᄲᅣᆷ을 세 번 맛는다 ᄒᆞ니 (…후략…)
>
> [3] 싀골도 됴흔 더가 만스오나 다 서울만 못흔 듯 시부옵고 인물과 풍속이 슌후ᄒᆞ오나 가샤와 의복 음식지졀의 ᄌᆞ미가 적은 듯 ᄒᆞ오

---

22 정성화·로버트 네프, 『서양인의 조선살이: 1882~1910』, 푸른역사, 2008.

며 (…후략…)

    [4] 부치로 모긔롤 쏫치며 (…후략…)

    [5] 서울 리약이 (…후략…)

    [6] 즁민가 긔가 막혀 가슴이 벌덕벌덕ㅎ야 욕이나ㅎ고 시브ᄂᆞ 냥반을 욕ㅎ엿다가는 됴치 아닌 광경이 날 터히니 홀 수 업고 그만두고 (…후략…)

    [7] 즁민롤 향ㅎ여 말ㅎ디 혼인이라 ㅎᄂᆞ 거시 인력으로 못ㅎᄂᆞ 거시니 하나님이 뎡ㅎ여 주시ᄂᆞ 거신더 엇지 그 한미의게 과히 샤례ㅎ리오 (…후략…)

    [8] 사돈기리 뎌러케 싸홀진대 뉘 아둘놈이 아둘과 쑬을 나하셔 쟝가드리고 싀집 보내여셔 눔과 눔이 사돈홀 개아둘 ᄀᆞᆺ흔 놈이 잇게노, 나는 과갈지친이나 츳저셔 남취녀가 ㅎ깃네 ㅎ고 싸홈을 말닌 후 (…후략…)

  각 편의 이야기들을 통해서 애스턴이 무엇에 관심을 두었는지를 유추해 볼 수 있다. 이야기는 짧은 분량의 이야기에서부터 단편소설에 맞먹는 분량을 지닌 것들로 필사되어 있다. 이 중 「니싱계쥬」, 「멸샤긔」, 「최경 비리호숑」, 「니김량셩긔」, 「친사간상젼」 등은 고소설로도 손색이 없는 내용의 완결성과 분량을 지니고 있다. 이들 이야기에는 모두 말미에 김재국의 평(評)이 달려 있다. 따라서 재미와 교훈을 고려하면서 빠른 시간 내에 조선의 문화와 특성을 알리는 어학공부의 일환으로 이야기를 정리했던 것으로 보인다.[23]

---

23 이를 위하여 당대 입말[口語]에 치중하여 이야기를 필사하였다. 이는 애스턴의 평에서도 볼 수 있다. "Told not current literary popular style of narrative, but in

현재도 그렇지만 외국어 학습 방법 중의 하나로 소설 읽기가 권장된다.[24] 조선어 단어, 숙어를 어느 정도 알고 있던 애스턴이었기에 이야기를 통한 조선어 학습은 당연한 수순이었으리라 여겨진다.

이상과 같이 『Corean Tales』의 서지와 편찬 과정, 이 책에 수록된 이야기의 양상과 특성 등을 살펴보았다. 다음 장에서는 이 책과 관련된 몇 가지 문제를 다루려 한다.

4. 『Corean Tales』와 관련된 몇 가지 문제들

김재국이 애스턴에게 필사해 준 『Corean Tales』에는 다음과 같은 서술 형식이 보인다.

> [1] 신랑이 디답ᄒᆞ디, 과연 신방(新房)에 괴이흔 일이 잇습니다.
> 〈문〉: 므슴 일이냐? 밧비 말ᄒᆞ여라.
> 〈답〉: 저와 신부(新婦)ㅣ 흔 방에 잇ᄉᆞ와 촉불을 물니기 젼에 엇더흔 사나히 소리가 창호(窓戶) 밧게 나며 큰 칼눌이 창호에 들어와서 사롬은 샹ᄒᆞ지 아니 ᄒᆞ엿ᄉᆞ오나 그 놈의 흉악흔 말솜이 너희 둘이 아모 째라도 내 손에 죽으리라 ᄒᆞ온즉 이 소리를 듯고야 엇지 그방에서 잠잘 슈가 잇습ᄂᆞ닛가? 그 연고로 나와서 녯줍ᄂᆞ이다. 〈126장,

---

ordinary colloquial(현재 유행하는 문어체 서술 스타일이 아닌 구어체로 말해진 것).”
24 허경진, 「고소설 필사자 하시모토 쇼요시의 행적」, 『동방학지』 112, 2001. ; 정병설, 「18·19세기 일본인의 조선소설 공부와 조선관: 〈최충전〉과 〈임경업전〉을 중심으로」, 『한국문화』 35, 2005.

앞-뒷면〉

[2] 아씨, 그 스이 안녕 흐옵시오.

〈답〉 나는 별 연고 업시 잘 잇네. 즈네는 우엔 사롬이며, 어디 사
논고.

〈답〉 이 한미(老婆)는 여긔셔 빅 리 밧긔 사옵니다. 집이 가난흐여
눔의 얼골을 보고 그 신셰(身世)가 됴코 됴치 아님을 판단흐야 아모
사롬이라도 그 오지 아닌 일과 지나간 몬저 일을 미리 말흐옵는 샹쟈
ㅣ오니, 아씨의셔도 샹을 뵈시고 돈이나 만히 주옵시면 됴켓습니다.

〈문〉 즈네가 샹을 잘 본다흐니 돈을 얼마나 줄고

〈답〉 흐나 보는 갑시 흔 량 돈이올시다. 〈181장 뒷면〉

예문 [1], [2]는 「니김량셩긔」와 「용지취과」에 나오는 등장인물들
의 대화이다. 등장인물이 주고받은 대화를 〈문〉과 〈답〉으로 구분하
여 발화자와 수신자를 구별해 놓았다. 이야기에서 이처럼 주인공들
의 대화를 문답으로 구분하는 형식은 신소설(新小說)의 등장으로 만
들어진 형식으로 잘 알려져 있다.[25] 그러나 김재국이 애스턴에게 만
들어 준 『Corean Tales』를 보면 이 책이 필사되었던 1885년에 이미
이러한 모습으로 이야기를 구성해 나갔음을 볼 수 있다.

그리고 『Corean Tales』에 실린 「빅호산군식랑」은 『죠선그리스도
인회보』, 『대한그리스도회보』, 『한성순보(漢城旬報)』에 실린 이야기
의 내용과 형식 면에서 유사함을 확인할 수 있다. 옛날이야기를 개작

---

25 전광용, 『신소설 연구』, 새문사, 1990. ; 황정현, 『신소설 연구』, 집문당, 1997.

하고 윤색하는 방식, 편집자의 평(評)이 추가되는 모습은 거의 일치
한다.[26] 최근 근대소설의 기원을 근대계몽기에 산출된 신문이나 잡
지와 같은 근대 매체에 실린 이야기에서 찾고 있는데,[27] 역시 이러한
유형의 이야기가 이미 1885년 무렵에 존재했던 것을 알 수 있다.

애스턴, 쿠랑, 게일, 알렌과 같은 조선에 입국했었던 외국인들이
남긴 기록을 보면 그들이 대부분 조선어 통역관이나 조선어 교사를
소개받았던 사실이 드러나 있다. 그들은 다양한 목적에서 조선에 관
한 정보를 수집하였고, 간행한 서적의 간행사에도 으레 조선어 교사
에게 많은 도움을 받았다는 서술이 등장한다. 이러한 점 등을 『Corean
Tales』와 연관 지어 정리해보자면, 19세기 말에서 20세기 초에 외국
인에 의하여 경쟁적으로 간행되었던 조선의 옛이야기책은 서양인
선교사들로부터 신식 교육을 받았거나 서양의 이야기를 알았던 이
들, 곧 조선어 교사들에 의해 가공되었다는 점이다. 이러한 가능성을
고려하여 구한말에 간행된 외국인들의 조선 관련 서적들을 검토한다
면, 책의 간행 목적이나 특징들을 정확하게 읽을 수 있으리라 생각된
다. 애스턴 소장본 『Corean Tales』는 이러한 문제를 규명하는데 있
어서 대단히 중요한 자료라고 할 수 있다. 이와 관련된 자세한 논의는
별고에서 다루기로 한다.

---

26 김영민, 구장률, 이유미, 『근대계몽기 단형 서사문학 자료전집』 상-하, 소명출판, 2003.

27 김영민, 『한국 근대소설사』, 솔, 1997. ; 김영민, 『한국 근대소설의 형성 과정』, 소명출판, 2005.

참고문헌

· 권혁래, 『고전소설의 다시 쓰기』, 박이정, 2012.
· 김동진, 『파란 눈의 한국혼 헐버트』, 참좋은친구, 2010.
· 김민수 외, 『외국인의 한글 연구』, 태학사, 1999.
· 김영민, 구장률, 이유미, 『근대계몽기 단형 서사문학 자료전집』, 소명출판, 2003.
· 김영민, 『한국 근대소설사』, 솔, 1997.
· 김영민, 『한국 근대소설의 형성 과정』, 소명출판, 2005.
· 김일렬, 『한국설화의 민족의식과 민중의식』, 새문사, 2006.
· 김현룡, 『한국문헌설화』 1-7, 건국대 출판부, 1998~2000.
· 류탁일, 『한국문헌학연구』, 아세아문화사, 1993.
· 막스 뤼티 지음, 김홍기 옮김, 『유럽의 민담』, 보림, 2005.
· 모리스 쿠랑, 이희재 역, 『한국서지』, 일조각, 1994.
· 박영만 저, 권혁래 역, 『박영만의 조선전래동화집』, 국학진흥원, 2006.
· 박진영, 『번역과 번안의 시대』, 소명출판, 2011.
· 서대석, 「문헌설화의 제재별 분류안」, 『조선조문헌설화집요 I - II』, 집문당, 1990.
· 손진태 지음, 최인학 역편, 『조선설화집: 한국 개화기 설화 동화집 번안 번역총서1』, 민속원, 2009.
· 岸田文隆·편무진, 「隣語大方 解題」, 『W.G. Aston 旧蔵·京都大学文学部所蔵 隣語大方 解題, 索引, 原文』, 不二文化, 2005.
· 岸田文隆·편무진, 「漂民対話 解題」, 『W.G. Aston 旧蔵·京都大学文学部所蔵 漂民対話 解題, 本文, 索引, 原文』, 不二文化, 2006.
· 이강엽, 『바보설화의 웃음과 의미 탐색』, 박이정, 2013.
· 이복규, 「이홍기의 조선전설집 연구」, 학고방, 2012.
· 이상현, 『한국 고전번역가의 초상 게일의 고전학 담론과 고소설 번역의 지평』, 소명출판, 2012.
· 이시이 마사미 엮음, 최인학 번안, 『1923년 조선설화집: 한국 개화기 설화 동화집 번안 번역총서 3』, 민속원, 2010.

· 임석재, 『한국구전설화』, 평민사, 1980.

· 전광용, 『신소설 연구』, 새문사, 1990.

· 정병설, 「18·19세기 일본인의 조선소설 공부와 조선관: 〈최충전〉과 〈임경업전〉을 중심으로」, 『한국문화』 35, 2005.

· 정성화·로버트 네프, 『서양인의 조선살이: 1882~1910』, 푸른역사, 2008.

· 조선총독부 저, 권혁래 역, 『조선동화집』, 집문당, 2005.

· 조희웅, 『이야기 문학 가을갈이』, 글누림, 2008.

· 최운식, 『한국 서사의 전통과 설화문학』, 민속원, 2002.

· 최인학, 『조선조말 구전설화집』, 박이정, 1999.

· 코뱌코바 울리아나, 「애스톤 문고 소장 『Corean Tales』에 대한 고찰」, 『서지학보』 32, 서지학회, 2008.

· 황호덕·이상현, 『개념과 역사 근대 한국의 이중어 사전 1-2』, 박문사, 2012.

· 허경진·유춘동, 「러시아 상트페테르부르크 국립대학과 동방학연구소에 소장된 조선전적(朝鮮典籍)에 대한 연구」, 『열상고전연구』 36집, 2012.

· 허경진, 「고소설 필사자 하시모토 쇼요시의 행적」, 『동방학지』 112, 2001.

· 황정현, 『신소설 연구』, 집문당, 1997.

· Gale, J. S. "The Inventor of En-moun", *The Korean Repository*, Vol.1, 1892.

· King, Ross, "James Scarth Gale, Korean literature in hanmun, and Korean books", 2012.

· N.G. 가린 미하일로프스키, 안상훈 역, 『조선설화』, 한국학술정보, 2006.

· Scott, James, "A Corean Manual or Phrase Book; with Introductory Grammar", *English Church Mission Press*, 1893.

· *Sir Ernest Satow's Private Letters To W.G. Aston And F.V. Dickin*, Bristol, U.K, 1997.

· Underwood, Horace G, "An Introduction to the Korean Spoken Language", Yokohama, 1890.

· W.G. Aston, "Writing, Printing and the Alphabet in Korea", *The Journal of the Royal Asiatic Society of Great Britain and Ireland*, Vol.1, 1895.

· W.G. Aston, "Chhoi-Chung: a Korean Marchen", *Transaction of the Asiatic Society of Japan*, 1900.

· W.G. Aston, "Corean Popular Literature", *Transaction of the Asiatic Society of Japan*, Vol.XVIII, Tokyo, 1890.

· W.G. Aston, *A Grammar of the Japanese Spoken Language*, BiblioBazaar, 2008.

· H. B. 헐버트 지음, 신복룡 옮김, 『대한제국멸망사』, 집문당, 1999.

· Hulbert, H. B, "The Korean Alphabet I, II", *The Korean Repository* Vol.1, 1892.

· Ким Чегук, *Корейские новеллы*, Петербургское востоковедение, 2004.

· Рифтин Б.Л, *Зарождение и развитие классических вьетнамской новеллы Повелитель демонов ночи.* М, 1969.

제3부
영국 자료의 성격과 가치

유희해(劉喜海) 장서 필사본
『고려사(高麗史)』의 성격과 의의

허경진

1. 머리말

필자는 국외소재문화재재단의 정책연구용역과제 「구한말 해외 반출 조선시대 전적 현황 조사연구 : 주한 영국공사 애스턴(W.G. Aston) 소장본」 연구팀의 일원으로 2014년 8월 23일부터 30일까지 영국 케임브리지대학 동아시아도서관[Cambridge University Library East Asian Reading Room]을 방문하여 애스턴 소장본을 비롯한 한국고서를 조사하였다. 사흘째 되던 날, 도서관 목록에 따라 80여 종 150여 책을 찾아내었다.

외국 도서관 사서들이 한국의 한문 서적을 중국 서적으로 잘못 알고 중국 서적으로 분류하는 사례가 많았으므로, 필자는 목록에 없는 한국고서를 찾아보기 위해 인터넷 상의 중국 서적 목록을 검색하였다. 『고려사(高麗史)』라는 책명이 나오는 순간, "케임브리지대학

도서관에도 과연 한국고서가 중국 고서 속에 섞여 있구나!" 하고 기
뻐했는데, 그 다음 설명이 나를 놀라게 하였다.〈사진1〉[1]

A history of Korea, by 翁樹崐, Weng Shu-k'un [In
manuscript] 1814.

이 설명 그대로라면, 청(淸)나라 대학자 옹방강(翁方綱, 1733~1818)
의 아들 옹수곤(翁樹崐, 1786~1815)이 필사한 『고려사』라는 뜻이어서,
당연히 깜짝 놀랐다. 그 아래에는 서거정(徐居正)의 『동국통감(東國通
鑑)』도 『동감(東鑑)』이라는 제목으로 소개되어 있었다. 일본인 사서
고야마 노보루(小山騰)를 통해 "이 책들은 19세기 후반에 영국(英國)
주청 공사(駐淸公使)를 지낸 웨이드가 기증한 웨이드 문고에 속해 있
다"는 말을 듣고 *A catalogue of the Wade collection of Chinese and
Manchu books in the library of the University of Cambridge*[2]를
빌려서 검색하였다. 웨이드의 친구들이 모금하여 1898년에 출판한
이 목록집도 이미 출판한 지 120년이 되어 한 권 밖에 남아 있지 않은
고서로 분류되어 있었다.

---

1 이 논문의 〈사진〉은 모두 뒷편에 실었다.
2 Herbert A. Giles, *A catalogue of the Wade collection of Chinese and Manchu
books in the library of the University of Cambridge*, Cambridge University
Press, 1898.

2. Wade Collection에 소장된 한국고서

토마스 프랜시스 웨이드(Sir Thomas Francis Wade, K.C.B., G.C.M.G,
1818~1895)는 성 마이클·성 조지 기사 작위와 Bath 기사 작위를 부여
받았으며, 베이징[北京] 공사(公使)와 케임브리지대학 교수를 지낸 학
자이다. 케임브리지대학을 졸업하고 1838년 육군에 입대하여 중위
때에 아편전쟁에 참전하고, 종전과 더불어 퇴역하였다. 1852년 상하
이[上海] 주재 부영사(副領事)가 되어 상하이 해관(海關)의 기구개편에
참여하고, 1854년 초대 세무관에 취임하였다. 1856년 애로호사건
[Arrow War]이 일어나자 1858년 강화교섭 때에 영국의 전권대사 엘긴
(James Bruce Elgin, 1811~1863)을 수행하여 톈진[天津]에서 실무 교섭을
담당하였다. 1861년부터 10년 동안 베이징 주재 영국공사관에 근무
하고, 1871년부터 1882년까지 공사를 역임하였다. 귀국 후 1888년
케임브리지대학의 초대 중국어 교수로 임명되어 세상을 떠날 때까
지 재직했으며, 킹스 칼리지의 선임 연구원이었다. 중국어를 로마자
로 표기하는 웨이드식 로마자 표기법을 창안하고, 이 표기법으로 중
국어 입문서『어언자이집(語言自邇集)』(1867)을 저술하였다.

웨이드는 중국에 40년 동안 머물면서 상당한 분량의 중국 서적을
수집하였는데, 귀국한 뒤 1886년에 이 책들을 모교에 기증하면서 부
총장에게 편지를 보냈다.

부총장님께
우리는 이 문제에 관하여 앞서 자유롭게 대화를 나누었으니, 저의

요청이 공식적으로 받아들여질 준비가 되었을 것이라고 봅니다. 이 요청이라 함은, 제가 중국에 거주하면서 수년간 모은 중국 장서들을 케임브리지대학에 기증하는 것입니다.

제 요청이 받아들여지기를 기다리는 동안, 부총장님의 배려 덕분에 이 장서들을 대학 도서관에 보관할 수 있었습니다. 지금 즈음이면 제 장서들을 재분배하여 점검을 받게 하는 것이 가능할 것이라고 생각합니다.

장서를 보관할 장소를 찾는 것은 전혀 어렵지 않았으나, 책을 배열하는 작업이 한자에 대한 지식을 필요로 하다 보니 이 작업은 전적으로 제가 맡아서 해야만 했습니다. 이렇게 혼자 이러한 작업을 하다 보니 예상보다 더 많은 시간이 걸렸습니다. …

서적들의 수가 상당하기도 하지만, 주제에 있어서도 어떻게 보면 백과사전 수준으로 광범위한 것들을 다루고 있기에 잡동사니라고 부르는 것이 보다 정확할 것입니다. … 여기에는 중국어로 쓰인 뛰어난 작품을 만주어로 번역한 것들이 제법 실려 있으며, 몽고어로 쓰인 작품을 만주어로 번역한 것도 일부 있습니다. …

마지막으로, 제 장서에는 영어, 불어 혹은 기타 외국어로 쓰인 작품들이 있는데, 일부는 학교 도서관에 이미 사본이 있을 것 같기도 합니다. 이 책들에는 여행기나 역사서, 몽고어, 만주어, 티베트어 사전과 문법서들이 포함되어 있습니다. 이 책에 사용된 언어들을 모두 제가 읽을 수 있는 것은 아니나, 이 서적들은 참고문헌으로 종종 편리하게 쓰일 수 있을 것 같다고 생각되어 장서에 포함시킨 것입니다. …

중국에서 일어난 반란 이후 20년간의 혼란한 시기에 책들이 손상된 것은 끔찍한 일입니다. 수도를 비롯한 여러 지역의 큰 도서관들이 그때 불타 없어졌습니다. … 제 장서에 포함된 일부 서적들은 제가

높은 값을 주고 몇 년을 기다린 끝에 산 것인데, 제가 중국을 1882년
에 떠날 때까지도 이 서적들의 값은 날마다 오르고 있었습니다.[3]

그의 편지에 의하면 그는 많은 돈을 들여 장서를 수집했으며,
1882년에 귀국하여 4년 남짓 자신의 장서를 정리하여 케임브리지대
학에 기증하였다. 한자 전문가가 없어서 그 자신이 책을 분야별로
정리했으며, 혼자 정리하다보니 4년이나 걸렸다. 자신이 읽을 수 없
는 언어로 쓰여진 책도 있다고 했는데, 한자로 쓰여진 한국고서들은
만주어나 몽골어로 분류되지 않고 자연스럽게 중국 책에 섞였다. 이
중국 문헌들을 기반으로 하여 케임브리지대학에 중국문학과가 생기
고, 그가 초대 교수로 부임한 것이다.

그는 1886년에 이 책들을 부총장을 통해 케임브리지대학에 기증
했는데, 목록집이 출판된 것은 1898년이다. 목록집의 해설을 쓴 허
버트 자일스(Herbert A. Giles, 1845~1935)가 체계적으로 분류하는데 그
만한 시간이 걸렸을 수도 있지만, 웨이드가 1895년에 세상을 떠나자
그의 친구들이 그를 기념하기 위해 모금하느라고 그때 출판되었을
수도 있다.

자일스는 목록집의 Prefatory Note에서 장서의 분류체계를 이렇
게 설명하였다.

이 장서는 그가 동양에 40년간 있으면서 중국 문학의 가장 중요한

---

3 이 책의 여러 부분을 제자 부찬용 군이 번역하였다.

장르들, 또 그 안에서 최고의 작품만을 신중하게 골라 모은 것입니다. 그 결과 모든 일반 학생들의 지적 욕구를 잘 충족시켜줄 거대한 장서가 탄생했습니다. 장서 기증자가 장서를 보관하던 곳에 맞게 배열하는 과정에서 채택한 분류법은 그대로 유지되었고, 그가 기증했을 당시의 순서 그대로 정리되어 있습니다. 하지만 이러한 배열만을 따르기에는 여러 가지 문제가 있을 것 같아, 장서의 각 제목을 알파벳 순으로 나열한 목록과 작가 이름을 알파벳 순으로 나열한 목록을 함께 첨부합니다.

　기본적인 장서의 분류는 다음과 같습니다. …

　B. 크게 역사, 전기, 법규로 묶을 수 있는 이 항목에는 227권으로 구성된 중국의 스물두 왕조의 역사와, 미담린의 백과사전의 원형과 그 후에 나온 확장본, 『자치통감(資治通鑑)』, 당시 왕조의 법규, 법전, 이외에도 이와 관련된 간행물 모음이 포함되어 있습니다. [291권 2,038책]

　그의 설명에 의하면 기본적인 분류는 웨이드가 이미 해 놓았으며, 그는 책명과 작가명을 알파벳 순으로 나열했을 뿐이다. 한국고서는 『고려사』・『동국통감』・『고려명신전(高麗名臣傳)』・『삼경사서정문(三經四書正文)』・『규장전운(奎章全韻)』 등의 5종인데, 역사책 3종은 B1978-1997, B1998-2002, B2003-2004라는 분류번호를 받았으며, *B. History, Biography, Statutes, etc.* 항목의 가장 마지막 부분에 실려 있어 그가 Korea의 책인 것을 인식한 듯하다. 『고려사』를 *Kao li shih* 라는 중국어 발음으로 표기한 것을 보면, 한국어 발음은 몰랐던 듯하다.

『고려사』139권은 20책 양장(洋裝)으로 제본되었으며, 표지에 *Kao li shih*라고 표기되어 있다.〈사진2〉 웨이드 문고[Wade Collection]는 모두 883권 4,304책인데, 웨이드교수 기증본임을 밝히는 표가 붙어 있다.〈사진3〉

웨이드 문고의 장서목록은 http://www.lib.cam.ac.uk/deptserv/chinese/wade.html에서 검색할 수 있으며, 목록집 *A catalogue of the Wade collection of Chinese and Manchu books in the library of the University of Cambridge*(Cambridge University Press, 1898)도 디지털 화면으로 열람할 수 있다.

3. 필사본 『고려사』에 찍힌 도장

웨이드 문고에 소장된 『고려사』는 괘선지(罫線紙)에 1면 8행 20자씩 단정한 해서체로 필사되었는데, 여기저기 다양한 도장이 찍혀 있고, 교감기도 군데군데 보인다. 이러한 인기(印記)를 판독하여, 이 책의 소장자와 교감자를 다음과 같이 추적하였다.

3.1. 소장자 유희해(劉喜海)의 가음이장서인(嘉蔭簃藏書印)

가장 먼저 판독해야 할 인기는 이 책 첫 권의 정인지(鄭麟趾)가 지은 「진고려사전(進高麗史箋)」 위에 찍혀 있는 '가음이장서인(嘉蔭簃藏書印)'이다. 가음이(嘉蔭簃)는 『해동금석원(海東金石苑)』의 저자인 청나라 금석학자 유희해(劉喜海, 1793~1852)의 장서루(藏書樓) 이름이다. 아래에 '유희해인(劉喜海印)'과 '연정(燕庭)'이라는 도장이 찍혀 있어서, 유희해의 장서였음이 분명하다. 연정은 유희해의 호이다.

웹사이트(http://www.lib.cam.ac.uk/deptserv/chinese/wade.html)를 활용하면 웨이드 문고에 소장된 책 가운데 유희해가 원래 소장하고 있던 책들과 유희해가 이 책들에 찍은 도장도 검색할 수 있다.[4]

B 1978-1997	高丽史(MS)	–	嘉荫＝(yi)藏书印 [+ 2 others]

Seals of Ownership을 활용하면 위와 같이 어떤 책에 찍혀 있는 도장들을 알 수 있는데, 『고려사』 경우에는 "가음이장서인"외에 두 개가 더 있다"고 하였다. 이 도장 세 개가 바로 권수(卷首) 「진고려사전」 첫 면에 찍힌 도장들이다.

List of Owners를 활용하면 옛 소장자가 가지고 있던 책들이 모두 검색되는데, "刘喜海(燕庭)(1793~1852)" 경우에는 "西夏书事(1825) / 叶文庄公奏议(1632) / 西陲总统事略(1811) / 古今韵略(1696) / 高丽史(MS)(-)" 등의 5종이 검색되며, 이 책들에 찍힌 도장도 "燕庭藏书 / 刘文正曾孙 / 刘喜海印 / 燕庭 / 嘉蔭＝(yi)藏书印" 등의 5종이 소개된다. 이 가운데 "燕庭藏书 / 刘文正曾孙"의 2종은 『고려사』가 아닌

---

4 우리 팀이 케임브리지대학 도서관 소장본들을 조사하고 돌아온 뒤에 한국인 최영찬 선생이 사서 업무를 보기 시작했다. 이 발표문을 다 쓴 뒤에 한국의 여러 신문에 케임브리지대학 도서관 소장 필사본 『고려사(高麗史)』에 관한 기사가 크게 소개되자, 최영찬 선생이 이 기사를 보고 필자에게 메일로 연락해왔으며, 2월 25일에 http://www.lib.cam.ac.uk/deptserv/chinese/wade.html 활용법을 알려주었다.

다른 책에 찍혀 있던 도장들이다. 교감자나 열람자의 도장은 소개되지 않았다.

이 책에 다른 사람의 장서인이 찍히지 않은 것을 보면, "문정공(文正公)의 증손"이라고 도장에 새길 정도로 재산이 넉넉했던 유희해의 후손들이 오랫동안 소장했던 듯하다. 옹방강의 서재인 소재(蘇齋)와 석묵서루(石墨書樓)에도 추사(秋史)를 비롯한 조선 문인들이 해마다 몰려들 정도로 금석(金石)·골동(骨董)·서화(書畵)·고서(古書)들이 많았지만 옹수곤(翁樹崑) 형제들이 일찍 세상을 떠나자 손자인 옹인달(翁引達) 대에 이르러 1830년쯤에 모두 유리창(琉璃廠) 상인들에게 흩어졌다.

3.2. 고천리경안기(顧千里經眼記)

이 책은 당대 최고의 학자들이 빌려보면서 교열한 흔적이 군데군데 보여서 학술적인 가치가 높다. 유희해의 장서인 옆에는 '고천리경안기(顧千里經眼記)'라는 도장이 찍혀 있어서[5], 당대의 이름난 장서가이자 서지학자인 고천리(顧千里, 1766~1835)의 안목을 거쳤음이 확

---

5 "경안기(經眼記)"는 장서인에 자주 쓰이는 글자인데, 처음에 찍어온 사진으로는 앞의 글자들을 판독하기 힘들었다. 중국 난카이대학[南開大學]의 양홍승(楊洪昇, 板本學), 장옥빈(蔣玉斌, 金石文) 교수에게 자문을 구해 "고천리경안기(顧千里經眼記)"라고 읽게 되었다. 이들은 필사본 『고려사』의 실체를 몰랐지만, "명가장서(名家藏書), 명가경안(名家經眼)."이라고 하면서, 고천리(顧千里)가 열람했다는 사실만으로도 훌륭한 책일 것이라고 평가하였다. 난카이대학의 유창(劉暢)도 여러 가지로 도와주었다.

인된다. 그의 도장이 찍혀 있기는 하지만, 그는 이 책에 관해 특별히 언급하지 않았다. 고천리의『사적재집(思適齋集)』이나『고광기장서제발(顧廣圻藏書題跋)』·『사적재집외서발집존(思適齋集外序跋輯存)』·『고천리선생연보(顧千里先生年譜)』 등에는 그가『고려사』를 열람했다는 언급이 없다. 고천리의 이름은 고광기(顧廣圻)인데, 천리(千里)라는 자(字)로 더 널리 알려져 있다.〈사진4〉

3.3. 교감자 옹수곤의 수곤상관(樹崑嘗觀)과 성원과안(星原過眼)

본문 첫 장에는 소장자와 열람자의 도장만 찍혀 있었는데, 이 책에 가장 많이 찍힌 도장들은 교감자(校勘者) 옹수곤의 도장이다.

권수(卷首) 정인지의「진고려사전」 뒷면에 "수곤상관(樹崑嘗觀)"이 찍혀 있는데, "수곤이 살펴보았다"라는 뜻이다.〈사진5〉 권1 첫 면, 권22이나 권130의 마지막 면 등에 "성원과안(星原過眼)"이 찍혀 있는데, "성원의 열람을 거쳤다"는 뜻이다. 성원(星原)은 옹수곤의 자이다.〈사진6〉 권137 마지막 면에 "북본(北本)", "성원상관(星原嘗觀)"이 찍혀 있는데, "성원이 살펴보았다"는 뜻이다.〈사진7〉

위에 소개한 10여 개의 도장을 분석한 결과, 이 책은 유희해의 소장본으로, 고천리가 열람하고, 옹수곤이 교감한 필사본이라고 판단된다. 그러나 몇 가지 풀리지 않은 문제가 있다.

4. 청나라 금석학과『고려사』열풍

웨이드 문고 소장본『고려사』에 이같이 많은 도장이 찍힌 이유는
그만큼 많은 청나라 학자들이 이 책을 소장하거나 교열, 또는 열람했
다는 뜻인데, 그 이유는 이 시기 청나라에 조선 금석문 연구 열풍이
불었기 때문이다.

『고려사』편찬은 고려시대 이제현·안축 등이『국사(國史)』를 편찬
하며 시작되었는데, 조선왕조에 들어와서도 4차에 걸쳐 편찬했지만
여러 가지 이유로 모두 반포되지 못하고 폐기되었다. 세종이 1449년
에 우찬성 김종서, 이조판서 정인지 등에게 개찬을 명하여, 1451년
에 기전체(紀傳體)『고려사』가 완성되었다. 32명 왕의 연대기인 세가
(世家) 46권, 천문지(天文志)에서 형법지(刑法志)까지 10조목의 지(志)
39권, 연표(年表) 2권, 1008명의 열전(列傳) 50권, 목록 2권을 합해서
모두 139권인데, 1454년에 대제학 정인지의 이름으로 간행하였다.
그러나 초기에는 많이 찍지 못했는데, 편찬의 주역이었던 김종서가
계유정난에 숙청된 이유도 있지만, 내용에 역란(逆亂)과 참칭(僭稱)이
많았기 때문이었다. 성종(成宗) 때부터 경연(經筵) 과목으로 활용되면
서 간행이 활발해졌으며, 현존 최고본은 을해자(乙亥字)로 간행된 책
이다.

『고려사』가 언제 중국에 유입되었는지 확인되지 않았지만, 을해
자 활자본이 몇 군데 소장되어 있다. 현재 확인할 수 있는 기록은
명말(明末) 청초(淸初)의 학자 주이존(朱彝尊)에게서 시작된다.[6]

4.1. 주이존(朱彝尊)의 발문

주이존의 서재 포서정(曝書亭)에는 방대한 분량의 장서가 소장되어 있었는데, 그의 문집인 『포서정집(曝書亭集)』 권44에 『고려사』를 소개한 글 「서고려사후(書高麗史後)」 2편이 실려 있다. 그의 소장본은 139권 전질이었던 듯한데, "그 체례를 살펴보니 조리가 있어 어지럽지 않았다[觀其體例, 有條不紊]"고 하였다. 이 글은 조선에도 널리 알려져, 한치윤의 『해동역사(海東繹史)』에도 인용되었다.

4.2. 『사고전서(四庫全書)』

청나라 건륭제(乾隆帝)가 천하의 귀중본을 수집해 『사고전서(四庫全書)』를 편찬하기 시작하자, 조선 문인들의 최대 관심은 조선의 문헌 가운데 어떤 책들이 『사고전서』에 들어가느냐 하는 것이었다. 18세기말의 연행사(燕行使)들은 모두 이에 관심을 기울였는데, 1790년에 서호수(徐浩修, 1736~1799)가 청나라 고종의 팔순 만수절을 축하하러 부사(副使)의 신분으로 북경에 갔다가 7월 30일 원명원(圓明園)에서 기윤(紀昀, 1724~1805)을 만났다. 1773년 총찬관(總纂官)에 임명되어 『사고전서』 편찬을 주관했던 기윤은 정인지의 『고려사』를 크게 칭찬한 뒤에, 서경덕(徐敬德)의 『화담집(花潭集)』이 『사고전서』 별집류(別集類)에 편입된 사실을 알려주었다.[7]

---

6 논지를 분명하게 밝히기 위해 『고려사』 판본에 관한 기록만 소개하고, 옹방강이라든가 유희해의 『고려사』 연구는 다른 논문에서 밝히고자 한다.

7 허경진·劉暢, 「사고전서에 실린 서경덕 시의 격률에 관하여」, 『東洋漢文學硏究』 34

기상서(紀尙書)는 직예(直隷) 헌현(獻縣) 사람으로 호를 효람(曉嵐)이라 하는데, 박식하고 고아한 지조가 있기로 이름이 난 사람이다. 그가 『사고전서』를 편찬하고 있기에, 내가 물었다.

"들으니 공께서는 칙명을 받들어 『명사(明史)』와 『대청일통지(大淸一統志)』를 교정한다고 하던데, 이미 다 마치셨습니까?"

기윤(紀昀)이 말하였다.

"『명사』 속의 잘못된 지명, 인명과 소홀하거나 빠진 사실은 다 바로잡고 보충하여 각판에 붙였으나, 『일통지』는 편질이 거대하고 오류도 더욱 많아서 반드시 철저히 교정하려고 하기 때문에 아직도 정리되지 못하였습니다."

내가 말하였다.

"우리가 이번 길에 거쳐온 지방을 가지고 말하자면, 합라전(合懶甸)이라는 곳을 『금사(金史)』나 『고려사』를 참조해 보니 그것은 분명히 우리나라의 함경남도 땅인데, 『일통지』에서는 구련성(九連城)이라고 부회하였습니다. 고북구(古北口)의 조하천영(潮河川營)은 정림(亭林)이 기록한 것을 가지고 고증해 보면 지금의 도리조하영(道理潮河營)으로서 실로 관구(關口) 밖에 있는 것인데, 『일통지』 계정(計程)에는 이를 관구 안에 있는 것으로 기록하였으니, 작은 실수가 아닌 듯합니다."

기윤(紀昀)이 말하였다.

"이와 같은 잘못들을 하나하나 열거하기조차 어렵습니다. 대체로 산경(山經)이나 지지(地志) 같은 것들은 전해 들은 말을 그대로 쓴 것이 많은데, 그곳을 직접 답사하여 눈으로 보게 되면 반드시 서로

집, 2012, 342~343쪽.

어긋남을 면치 못할 것입니다."

내가 말하였다.

"새로 교정한『명사(明史)』를 얻어 볼 수 있겠습니까?"

기윤(紀昀)이 말하였다.

"이미 간행은 하였으나 아직 나눠 주라는 칙지가 없었습니다. 나
누어 줄 때를 기다려 1부를 드리겠습니다. 귀국 정인지의『고려사』
는 매우 체제가 잘 잡혀 있으므로 내가 서가에 1부를 간직하고 있습
니다."

내가 말하였다.

"그렇다면『고려사』가 이미 시중에 번각(翻刻)되었습니까?"

기윤(紀昀)이 말하였다.

"바로 귀국에서 간행한 판본입니다. 귀국의 서경덕의『화담집』은
『사고전서』별집류에 편입되었습니다. 외국의 시문집이『사고전서』
에 편입된 것은 천년에 한 사람뿐입니다."

내가 말하였다.

"질문 드리고 싶은 것을 갑자기 잠깐 사이에 다 할 수는 없습니
다. 연경(燕京)에 들어간 뒤에 귀댁에 사람을 보내어 가르침을 청해
야 하겠으나, 금례(禁例)에 구애되어 직접 나아가지 못하니 한스럽
습니다."

기윤(紀昀)이 말하였다.

"나의 집은 정양문(正陽門) 밖, 유리창(琉璃廠) 뒤의 회동관(會同
館) 거리에 있습니다."[8]

---

8 徐浩修,『燕行紀』卷三, (七月)三十日 戊申.

　　서호수의 이날 일기에서 세 가지 사실을 알아낼 수 있다. 첫째는 서호수를 비롯한 연행사들이 『고려사』를 가지고 북경에 갔다는 점인데, 서호수 경우에는 우리나라의 옛 영토를 확인하는 데에 구체적인 목적이 있었다. 둘째는 『고려사』가 중국에서 번각되지 않아 기윤(紀昀)도 조선 판본을 가지고 있었는데, "매우 체제가 잘 잡혀 있다"고 칭찬했다는 점이다. 주이존과 마찬가지 견해이다. 셋째는 서경덕의 『화담집』이 외국의 시문집으로는 천년에 한 사람으로 『사고전서』에 편입되었다는 점이다. 중국어를 모국어로 쓰지 않고 문어(文語)로 배운 외국인이 중국어의 사성(四聲)과 격률(格律)을 제대로 지켜 뛰어난 시를 짓기가 그만큼 힘들었기 때문이다.

　　이날 기윤은 『고려사』가 『사고전서』에 편입될 것이라고 말하지 않았지만, 뒷날 결국 실렸다. 『흠정사고전서총목(欽定四庫全書總目)』 권66에 「고려사 이권(高麗史二卷)」이라는 제목으로 실렸는데, "편수(編修) 왕여한(汪如漢)의 가장본(家藏本)"이라고 주를 붙였다. 본문에 139권의 체제를 소개한 뒤에 "이 본은 겨우 세계(世系) 1권과 후비열전(后妃列傳) 1권만 우연히 남아 있는 잔질(殘帙)이어서 완서(完書)가 아니다[此本僅世系一卷·后妃列傳一卷, 蓋偶存之殘帙, 非完書矣.]"라고 설명하였다. 편찬책임자 기윤 자신이 1부를 소장하고 있으면서 왜 139권 가운데 2권만 남아 있는 "편수 왕여한의 가장본"을 소개했는지는 알 수 없다.

4.3. 옹수곤(翁樹崐)

1809년 10월 28일에 동지겸사은사(冬至兼謝恩使)가 청나라로 떠났
는데, 부사(副使) 김노경(金魯敬)의 자제군관(子弟軍官)으로 아들 김정
희(金正喜, 1786~1856)가 동행하였다. 이듬해 1월 29일에 소재(蘇齋)를
방문하여 옹방강과 그의 여섯째 아들 옹수곤을 함께 만났다. 옹수곤
은 김정희와 동갑이어서 곧바로 친구가 되었으며, 그 자리에서 자신
의 자 성원(星原)과 김정희의 호 추사(秋史)에서 한 글자씩 따다가 성
추(星秋)라는 호를 지었다.

옹수곤은 그 무렵에 조선 금석문을 수집하여 연구하고 있었으므
로, 묘주(墓主)의 생애를 확인하기 위해 조선인의 열전을 열심히 읽었
다. 옹수곤이 추사에게 보낸 편지에 의하면 "일찍이 『고려사·열전』
을 120번이나 읽었"다고 한다.[9] 이 편지와 비슷한 시기에 케임브리지
대학 도서관 소장 필사본 『고려사』를 빌려다 교감하였다. 교감기(校
勘記)는 몇 군데에 보인다.

권수(卷首) 「진고려사전(進高麗史箋)」이 끝나는 부분 :
가경(嘉慶) 계유년(1813) 12월 초하루부터 대교(對校)하며 읽기
시작하여, 죽타노인(竹垞老人, 朱彛尊)의 발문(跋文) 2편을 보완해
넣었다. 또 상세히 교열하여 「목록」 안에 제122권 열전 제35 방기문
(方技門)에 이 책에는 「설경성전(薛景成傳)」이 빠져 있어서, 마땅히
보완하여 써 넣고 완벽하게 만들었다.

---

9 이충구·권기갑·김규선 역, 『海東金石零記』, 과천문화원, 2010, 39쪽.

　그의 기록대로 「목록」 제122권 열전 제35 방기문(方技門)에 옹수곤이 붉은 글씨로 "설경성(薛景成)"이라 써 넣은 것이 보인다.〈사진8〉 목판본에는 "설경성"이 그 다음 행에 보인다. 본문에는 「설경성전(薛景成傳)」이 애초부터 제대로 실려 있다.〈사진9〉

　본문 곳곳에 틀린 글자를 고쳐 놓았는데, 권22에 붉은 먹으로 쓴 글자가 옹수곤의 교감이다. "부(夫)"자와 "척(倜)"자 사이에 "거(車)"자가 빠졌다는 뜻인데, 옹수곤은 본문과 구별하기 위해 자신의 글씨를 붉은 먹으로 썼다. 이 경우에는 "14일 교정 완료[十四日校完]"이라 쓰고 "성원과안(星原過眼)"이라는 도장까지 찍어, 자신의 글씨 임을 분명히 했다.〈사진10〉

　그러나 군데군데 검은 글씨로 교정한 경우에는 과연 옹수곤의 교감인지, 아니면 옹수곤이 아닌 다른 사람의 의견이라는 것을 밝히기 위해 다른 사람이 검은 먹으로 쓴 것인지 확실치 않다.〈사진11〉

> 　권137 마지막 장 :
> 　이 책은 전부 여덟 상자인데, 계유년 섣달 초하루부터 빌려와서 소재(小齋)의 장본(藏本)과 서로 교감(校勘)하였다. 갑술년(1814) 상사(上巳) 후 닷새에 비로소 끝났으니, 책상머리에 놓아둔 지 모두 108일만이다.〈사진12〉

　옹수곤이 108일 동안이나 꼼꼼하게 교감했지만 고치지 못한 글자도 있으며, 빠진 부분을 밝히지 못한 것도 있다. 특히 열전 권39가 통째로 빠진 사실에 관해 언급하지 않은 것은 풀리지 않는 수수께끼이다.

5. 『고려사』의 중국 유입 경로

조선왕조실록에 『고려사』를 공식적으로 중국에 보냈다는 기록은 없다. 따라서 현재 중국에 남아 있는 『고려사』들은 대부분 조천사(朝天使)나 연행사를 통해서 전해졌으리라고 짐작되지만, 그에 관한 기록도 그리 많지 않다.

5.1. 연행사를 통한 유입

옹방강·유희해·옹수곤 같은 금석학자들이 『고려사』를 구하기 위해 조선 문인들에게 보낸 편지가 많이 남아 있으니, 이 경우에는 조선에서 연행사를 통해 청나라에 전해진 것이 분명하다.[10]

옹방강의 친필본 『해동금석영기(海東金石零記)』에 실린 편지 「고려사초본(高麗史抄本)一○」을 보자.

> 32권의 수초본(手抄本)은 매우 감사합니다. 아직 권31 「조준전(趙浚傳)」이 남아있으니, 서둘러 베껴서 겨울 인편에 보내주어 완벽을 이룰 수 있도록 해주시기 바랍니다.[11]

이 편지를 누가 썼는지 확실치 않지만, 수신자(秋史)를 형(兄)이라

---

10 1790년 연행사 서호수가 『고려사』를 가져간 사실은 위에서 밝혔으므로, 여기서는 옹수곤의 『고려사』로 논의를 좁혀보고자 한다.

11 옹방강·옹수곤 저, 이충구 역, 『海東金石零記』, 과천문화원, 2010, 44쪽.

지칭하고 발신자 자신을 제(弟)라고 지칭한 것을 보면『해동금석영기』의 공동 저자인 옹방강과 옹수곤 가운데 옹수곤임이 분명하다. 그는 지난번 편지에도 추사에게『고려사』필사를 부탁하여 32권 분량을 전달받았는데, 올해 동지사(冬至使) 편에 권31을 마저 필사해 보내달라고 부탁하였다. 이 편지 위에는 두주(頭註)가 붙어 있는데,

> 권31「조준전(趙浚傳)」, 권39「이인임전(李仁任傳)」·「임견미전(林堅味傳)」·「염흥방전(廉興邦傳)」·「조민수전(曹敏修傳)」·「변안렬전(邊安烈傳)」·「왕안덕전(王安德傳)」등 7인의 열전을 베껴 완벽을 이루게 해주시기 바랍니다. 겨울 인편에 꼭 부쳐주시기를 간절히 바랍니다.[12]

라고 하여 더 많은 분량을 요구하였다. 추신(追伸)인 듯하다. 이 편지들을 보면 연행사 편에『고려사』를 요구한 것이 분명한데, 전질을 요구한 것이 아니라 일부분만 요구한 것이 특이하다. 금석문 연구에 열전 부분이 중요하기 때문에 이 부분을 요구한 것이기도 하지만, 그 전에 이미 상당한 부분을 확보했기 때문이기도 하다.

5.2. 일본 무역선(貿易船)을 통한 유입

『해동금석영기』에 실린 위의 편지에는『고려사』가 일본을 거쳐 유입되었을 가능성도 보인다.

---

12 같은 책, 45쪽.

이 사료(史料)는 중국에도 드뭅니다. 수년 전에 절강(浙江)의 선박이 일본으로부터 건너왔는데, 제가 아주 가까운 친구에게 부탁해서 큰 값을 치르고 구했습니다. 당시에 빌려서 베끼려는 사람이 많았습니다만, 제가 모두 완곡하게 사양했습니다. 또 이 책이 다른 집에 있을 땐 그저 높은 곳에 두는데, 이는 한낱 책벌레를 방지하려는 것일 뿐입니다. …

옹수곤은 추사에게서 32권 분량의『고려사』초본을 받기 이전에 이미 일본 무역선을 통해서 상당한 부분을 구입했다. 목판본인지 필사본인지 밝히지는 않았지만, 아마도 전질은 아닌 듯하다. 그랬기에 이번 기회에 권31, 권39 등의 필사를 부탁해 완질(完帙)을 이루려고 한 것이다.

옹수곤이 몇년 전이라고 한 것은 추사를 만나기 전, 즉 1809년 전이었을 것이다. 그 무렵에 상당한 부분을 구입하고, 추사를 통해서 32권 분량을 보완한 다음에, 마지막으로 2권을 채우려고 하였다.

옹수곤, 또는 옹방강이 일본 무역선을 통해서『고려사』를 구입했다는 점은 특이하다. 임진왜란 이후에 명나라나 청나라는 일본과 국교가 회복되지 않았지만, 민간 차원의 무역은 닝보[寧波]와 나가사키[長崎]를 개방하여 진행하고 있었다. 저장[浙江], 항저우[杭州]의 무역선들이 서적을 싣고 다녔는데, 원나라에서 1267년에 간행한『어약원방(御藥院方)』이 조선을 거쳐 일본에 유입되었다가 1798년 센가요시히사(千賀芳久)에 의해 250부 간행되었으며, 원순호(元順號) 선장(船長) 심경첨(沈敬瞻)이 몇 부를 청나라로 역수입(逆輸入)한 경우도 있다.[13] 일본에서『고려사』가 간행되었다는 기록을 확인할 수는 없지만, 왜관(倭館)을 통해서 일본에 건너갔을 가능성은 충분하다.

5.3. 케임브리지대학 도서관 소장『고려사』의 유입 경로

현재로서는 케임브리지대학 도서관 소장『고려사』의 유입 경로에 관한 확실한 단서가 없다. 필사기(筆寫記)가 따로 없고, 최초의 소장자였을 유희해도 이에 관해 별다른 기록을 남기지 않았다.

그렇다면 종이나 필사하는 방식에 따라 유추하는 수밖에 없는데, 케임브리지대학 동아시아도서관 중국자료 사서 찰스 에일머(Charles Aylmer)는 중국 종이에 괘선(罫線)을 인쇄하고 필사한 책이라고 판단하였다.

조선인이 필사했다면 당연히 조선의 왕에게 대두법(擡頭法)이나 공격(空格)을 사용하여 경의(敬意)를 표현했겠지만, 중국인 필사자는 그렇게 할 필요가 없다. 이 책의 첫 부분인 정인지의「진고려사전」첫 면을 비교해 보자.

연세대학교 중앙도서관 소장 목판본과 필사본을 대조해보면 대두법이나 공격을 정확하게 지켰다. 목판본은 1면 9행이고 필사본은 1면 10행이어서 한 줄 더 필사한 것 말고는 글자의 위치까지 정확하게 필사하였다. 그러나 케임브리지대학 도서관 필사본은 대두법이나

---

13 허경진·최영화, 「청나라 무역선의 일본 표류와 〈유방필어(遊房筆語)〉」, 『아시아문화연구』 26집, 2012.

공격을 전혀 지키지 않고 필사하였다. 종이로 보나, 필사한 태도로 보나, 조선에서 필사하여 가지고 갔다는 확실한 증거를 찾기 힘들다.

이 책에는 중간에 다른 종이가 일부 섞여 있다. 『고려사』 권118 열전 권31 「조준(趙浚)」 부분인데, 사진으로 보더라도 붉은색 괘선지 사이에 검은색 괘선지 필사가 섞여 있음을 알 수 있다. 도서관 사서 에일머는 부들부들하고 약간 누런 조선 종이 같다고 판단하였다. 괘선이 검은색이어서 차이가 날 뿐만 아니라, 1면 10행으로 편집하여 목판본의 글자 위치까지도 한 글자 한 글자 그대로 필사하였다. 대두법이나 공격도 철저하게 지켜 필사하였다.

열전 권31은 한 권 전체가 「조준」인데, 조선인이 조선 종이에 정성껏 필사한 듯하다. 그렇다면 왜 이 부분만 조선인이 조선 종이에 필사하였는가? 유희해의 집안에서 처음 구입할 때부터 이 부분이 빠져 있었던 듯하다.

유희해가 조선 문인에게 이 부분을 필사해 달라고 부탁한 기록은 보이지 않는다. 다만 옹수곤이 이광문(李光文, 1778~1838)에게 열전 권31을 채워 달라고 부탁한 편지가 전한다. 이광문은 1812년 10월에 정사 심상규의 서장관으로 연경에 가서 옹방강을 만나 환대를 받으며 교류했는데, 옹수곤이 1814년에 이광문에게 편지를 보내면서 자신이 소장하고 있는 『고려사』 중 빠져 있는 7명에 대한 전기를 채워 줄 것을 청하였다. 그 내용은 다음과 같다.

권31
조준趙浚

권39

이인임李仁任 임견미林堅味 염흥방廉興邦 조민수曺敏修 변안렬
邊安烈[14] 왕안덕王安德[15]

과천문화원 번역본에는 이 편지의 원문이나 사진이 실려 있지 않
은데, 역시 과천문화원에서 간행한『해동금석영기』에 이와 같은 내
용이 실려 있다.[16]『해동금석영기』의 번역본에서는 윗부분을 아랫부
분의 [두주]라고 표기했지만, 아랫부분은 옹수곤이 추사에게 보내는
편지가 분명하다. 이어지는 부분에서 "동방의 문예를 개척할 책임이
추사의 앞장선 기치에 달려있습니다."라고 수신자를 분명히 밝혔기
때문이다.[17]

그렇다면 [두주]라고 표기된 윗부분은 두 가지로 해독할 수 있다.
옹수곤이 추사에게 아랫부분의 편지를 쓰고 나서 덧붙여 썼거나, 아
니면 이광문에게 따로 보낸 편지를 옮겨 쓴 것이다.

옹수곤이 추사에게 열전 권31의 필사를 부탁해서 검은색 괘선의
필사본을 받았더라도, 문제가 다 풀리지는 않는다. 케임브리지대학
도서관 소장 필사본『고려사』는 원래 옹수곤 소장본이 아니라 유희
해 소장본이었기 때문이다. 물론 옹수곤이 추사에게서 받은 열전 권

---

14 과천문화원 번역본에는 "변안례(邊安禮)"라고 되어 있지만 "변안렬(邊安烈)"이 분명
   하기에 바로잡았다.
15 후지쓰카 지카시 지음, 후지쓰카 아키나오 엮음, 윤철규·이충구·김규선 옮김,『秋史
   金正喜 研究』, 과천문화원, 2009, 295쪽.
16 옹방강·옹수곤 저, 이충구 역,『海東金石零記』, 과천문화원, 2010, 영인본 64쪽.
17 이충구 역, 같은 책, 45쪽.

31을 유희해에게 주었을 수도 있지만, 그렇다면 1813년 교감할 때에 당연히 그 내용을 붉은 글씨로 기록했을 것이다.

열전 권39 경우에는 의문이 더 커진다. 「목록」에는 제대로 되어 있지만, 본문 첫 장에는 옹수곤이 필사를 부탁한 6명의 이름만 보이고, 그 다음 장에는 "모두 빠졌다[具闕]"고 쓰여 있다. 붉은 먹으로 쓴 것이 아니니, 옹수곤의 교감기가 아니라 원본을 필사하던 시기에 그렇게 쓴 듯하다. 그렇다면 필사의 저본(底本)에도 이 부분이 빠져 있었던가?

옹수곤의 『고려사』는 일본에서 구입한 부분과 추사에게서 구입한 32권, 그 뒤에 추사나 이광문, 홍현주(洪顯周)에게서 구입한 부분들이 한데 묶인 다양한 글씨의 필사본이었을 것이다.

케임브리지대학 도서관 소장 필사본 『고려사』는 처음부터 유희해 소장본이었던가? 아니면 옹수곤이 1813~1814년간에 교감하면서 추사나 이광문에게 열전 권31과 권39의 필사를 부탁했다가 권39는 끝내 받지 못해 빈 칸으로 소장하고 있던 또 하나의 책을 1830년 무렵에 유희해가 구입하여 장서인을 찍은 것인가? 이 문제를 해결할만한 단서는 더 찾아보아야 한다.

따라서 현재로서는 붉은색 괘선의 중국 종이 부분은 중국인이 필사하고, 검은색 괘선의 조선 종이 부분은 추사, 또는 이광문 같은 조선인이 필사해서 보내왔다고 추측할 수밖에 없다.

6. 맺음말 – 케임브리지대학 도서관 소장 필사본 『고려사』의 가치

『고려사』는 대부분 목판본으로 전하고, 금속활자본이나 목활자본
이 그 다음으로 많다. 필사본이 몇 종 전하지만, 열전이나 지(志) 가
운데 관심있는 부분을 몇 권 필사한 것이 많고, 전질을 필사한 것은
드물다는 점에서 케임브리지대학 도서관 소장 필사본 『고려사』는
희귀성이 높다. 139권이나 되는 방대한 분량을 모두 단정한 해서체
로 필사하기가 힘들었기 때문이다.

이 책은 청나라의 대표적인 금석문 학자 유희해가 소장하고 옹수
곤이 교감했다는 점에서 귀중하다. 이들은 당시에 조선 금석문을 연
구하면서 상당한 분량의 탑본을 수집해서 원문을 해독하고 제작 배
경을 고증하고 있었으므로, 유희해가 『해동금석원』을 집필하는 과
정에서 이 책을 한 글자 한 글자 대조해 가면서 널리 활용했음을 알
수 있다. 소장자 유희해보다도 교감자 옹수곤의 자취가 더 많은 책이
다. 그는 이 책을 자신의 서재로 빌려와서 자신의 소장본 『고려사』와
한 글자 한 글자 대조하여 빠진 부분을 채워 넣고, 틀린 글자들을
고쳐 놓았다. 옹방강과 옹수곤 부자 역시 조선 금석문을 연구하기
위해 『고려사』를 열심히 읽었으니, 『해동금석영기』에서 그 성과의
일부를 확인할 수 있다.

이 책에는 열전 권31이 검은 괘선의 조선 종이에 조선 식으로 필사
되어 보입(補入)되었고, 열전 권39는 빠져 있어서 옹수곤이 추사와
이광문에게 필사를 부탁했던 책일 가능성도 있다. 그렇다면 옹수곤
이 열전 권31만 전달받아서 책을 묶었다가, 열전 권39는 끝내 받지

못하고 세상을 떠나, 1830년 무렵에 유희해가 구입하여 장서인을 찍었을 것이다.

유희해 또는 옹수곤 소장본『고려사』는 조선 금석문 연구에 활용된 자료였기에, 이 책이 그들의 저서에서 어떻게 활용되었는지 계속 연구해 보고자 한다.

『고려사』는 국내외 여러 도서관에 소장되어 있기 때문에 흔한 자료로 분류되어 자세히 조사되지 않았다. 그러나 국외에 있는 전적들을 꼼꼼히 조사해보면 장서인을 확인해 소장자 정보 및 반출경위 등을 추적하고, 문화교류의 자취를 확인할 수 있다.

케임브리지대학 도서관 소장 필사본『고려사』는 청나라 금석학자들이 조선 금석문을 얼마나 열심히 연구했는지, 그러기 위해서『고려사』를 얼마나 소중하게 여기며 구입하거나 필사, 교감했는지를 확인케 해주는 자료로서 문화재적인 가치가 높은 책이다.

참고문헌

• 옹방강·옹수곤 지음, 이충구·권기갑·김규선 엮음,『海東金石零記』, 과천문화원, 2010.
• 허경진·劉暢, 「사고전서에 실린 서경덕 시의 격률에 관하여」,『東洋漢文學研究』34집, 2012.
• 허경진·최영화, 「청나라 무역선의 일본 표류와 〈유방필어(遊房筆語)〉」,『아시아문화연구』26집, 2012.

· 후지쓰카 지카시 지음, 후지쓰카 아키나오 엮음, 윤철규·이충구·김규선 옮김,
『秋史 金正喜 硏究』, 과천문화원, 2009.
· 徐浩修,『燕行紀』卷三, (七月)三十日 戊申.
· Herbert A. Giles, *A catalogue of the Wade collection of Chinese and Manchu books in the library of the University of Cambridge*, Cambridge University Press, 1898.

사진자료

〈사진 2〉

〈사진 1〉

〈사진 3〉

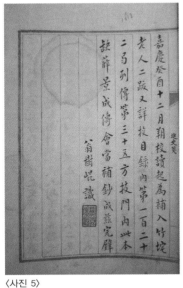

〈사진 5〉

〈사진 4〉

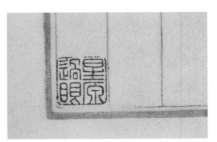

〈사진 6〉

〈사진 7〉

〈사진 8〉

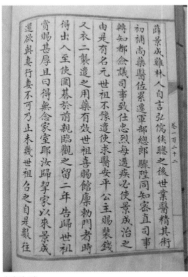

〈사진 9〉

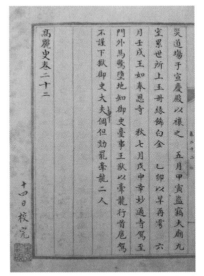

〈사진 10〉

〈사진 11〉

〈사진 12〉

영국 케임브리지대학 소장
한국 고전적 자료의 현황과 특색

개인 수집가를 중심으로

백진우*

1. 머리말

　본고는 영국 케임브리지대학에서 소장하고 있는 한국 고전적 자료의 현황과 특색을 설명하기 위한 목적으로 작성하였다. 특히 해당 도서관에서 한국 고전적 자료를 소장하게 된 경위를 소개하기 위해, 장서 구축에 직간접적으로 관여한 개인 수집가에 대해서는 좀 더 상세하게 설명하고자 한다.

　해외 소장 한국 고전적의 현황에 대해서는 지금까지 꾸준하게 조사 및 연구가 진행되어 왔다. 비록 중국이나 일본의 노력에 비해 다소 뒤처지기는 하지만 향후 우리 문화유산의 전모를 정확하게 파악하고 그 가치를 밝히기 위해서는 앞으로도 다양한 연구가 지속되어

---

* 고려대학교 민족문화연구원 연구교수

야 할 것이다.

먼저 지금까지의 조사 및 연구 현황을 살펴보면 일본과 미국을 중심으로 진행된 가운데 최근 들어 중국·러시아·프랑스 등의 국가 들까지 범위가 확장되고 있음을 알 수 있다.[1] 조사하고자 하는 대상 기관에서 소장하고 있는 자료의 질과 양을 고려하지 않을 수 없기 때문에 이는 당연한 수순으로 보인다. 따라서 현재 영국의 국가 기관 및 대학 도서관에서 소장하고 있는 자료에 대한 조사는 이와 같은 해외 소장 한국 고전적 자료 조사의 범위 확장과 관련이 있다고 할 수 있다.

현재까지 조사된 바에 따르면, 영국 내에서 한국 고전적 자료를 가장 많이 소장하고 있는 기관은 영국도서관(The British Library)이 다. 총 229종 594책의 자료를 소장하고 있으며, 이들 자료에 대한 서지 목록이 공개된 바 있다.[2] 그리고 이 가운데 어학 자료와 경판본

---

1 지금까지의 조사 및 연구의 유형을 크게 나눠보자면 기관과 개인 연구자로 양분할 수 있다. 먼저 기관의 경우 국립중앙도서관, 국립문화재연구소, 국외소재문화재재단 등 국가 기관의 조사가 큰 비중을 차지하는 가운데 대학의 연구소가 국가 기관의 지원을 받아 연구를 진행하기도 했다. 이 경우에는 주로 해외의 한국 고전적 자료 소장 기관 가운데 소장 자료의 양과 질을 고려하여 조사 대상 기관을 선정하고, 소장 자료 전체를 조사하여 목록을 작성하는 일을 우선 순위로 삼았다. 최근에는 목록에서 한 걸음 더 나아가 중요 자료에 대한 해제를 작성하거나 원문이미지를 촬영하여 데이 터베이스로 구축하는 수준까지 진행하고 있다. 해외에 소장되어 있는 한국 고전적의 조사 및 정리 현황에 대해서는 다음 논문에 자세하게 정리가 되어 있다. 황위주, 「해 외 고문헌 조사의 현황과 향후 과제」, 『한국한문학연구』 41권, 한국한문학회, 2008, 273~308쪽. ; 옥영정, 「해외 소장 한국본 고서의 정리 현황과 과제」, 『해외 한국본 고문헌 자료의 탐색과 검토』, 서울대학교 규장각 한국학연구원, 2012, 11~41쪽.
2 박상국 선생님은 229종의 자료에 대해 서명·편저자·수량·판종·간년 정보를 수록한

소설 자료에 대해서 상세하게 분석한 연구 논문이 발표되기도 하였다.[3] 고전적 연구의 기초라고 할 수 있는 목록 작성이 마무리되어 있는 만큼 영국도서관 소장 자료에 대해서는 앞으로도 다양한 연구가 뒤따를 것으로 기대된다.

영국도서관을 제외하고 영국 내에서 한국 고전적 자료를 소장하고 있는 것으로 기존에 알려져 있던 기관은 런던도서관(The London Library)과 영국박물관 정도였다. 그 밖의 기관에 대해서는 구체적으로 알려져 있는 바가 없었는데 이번에 윌리엄 애스턴(William George Aston, 1841~1911, 이하 '애스턴')이 수집했던 장서를 추적하는 과정에서 기대 이상으로 많은 자료가 소장되어 있음을 확인할 수 있었다.[4] 조사 결과 현재 케임브리지대학에서 소장하고 있는 한국 고전적 자료

간략한 서지 목록으로 정리하였고, 후지모토 유키오(藤本幸夫) 선생님은 231종의 자료에 대해 상세한 서지 목록으로 정리하였다. 자료의 수에 차이가 나는 것은 고서의 범위 판단, 낱장 자료의 수록 여부에 따른 것이다. 목록에 대해서는 다음 논문을 참조하기 바람. 박상국, 「유럽소재 한국 고문헌 정리의 현황과 과제」, 『대동한문학』 제18집, 대동한문학회, 2003, 91~124쪽. ; 藤本幸夫, 「大英圖書館所藏朝鮮本に就いて」, 『朝鮮學報』 216, 朝鮮學會, 2010, 1~63쪽.

3 석주연, 「대영도서관 소장 국어사 자료에 대하여」, 『국어국문학』 제129권, 국어국문학회, 2001, 117~137쪽. ; 정병설, 「영국도서관 소장 경판한글소설 재론–배접지를 통해 추론한 방각본의 간행 상황을 중심으로」, 『고전문학연구』 42집, 한국고전문학회, 2012, 146~168쪽.

4 본 조사는 국외소재문화재재단의 정책연구용역과제 지원을 받아 진행하였다. 연구과제명은 〈구한말 해외 반출 조선시대 전적 현황 조사 연구: 주한 영국공사 애스턴(W. G. Aston) 소장본〉이며, 연구 기간은 2014년 6월 1일부터 2014년 11월 30일까지(6개월)였다. 연구진으로는 허경진(연세대), 유춘동(선문대), 이혜은(국립중앙도서관), 권진옥(단국대) 선생님이 함께 참여하였다. 애스턴 구장본이 러시아와 영국에 흩어져 있는 관계로 두 차례에 걸쳐 현지 조사를 실시했다. 본고는 이 가운데 영국 케임브리지대학 소장 자료 조사 결과를 대상으로 하였다.

는 모두 89종 165책[5]으로서 결코 작다고 할 수 없는 규모이다.[6] 이들
자료는 중앙도서관 내 동아시아 열람실(East Asian Reading Room)의
수장고에 보관되어 있다. 그리고 이 가운데 일부는 일반 수장고에
비치되어 있어서 쉽게 열람할 수 있었지만 나머지는 귀중서로 분류
되어 출입이 금지된 수장고에 별치되어 있다.

　본고에서는 케임브리지대학 현지 조사 과정을 간략히 설명하고,
그 결과를 토대로 자료의 현황을 수서(收書) 시기 별로 나누어 살핌으
로써 케임브리지대학 소장 자료의 특색을 밝히고자 한다. 아울러 초
기 성경 자료를 제외한 장서 형성과 깊은 관련이 있는 두 명의 인물,
애스턴과 어니스트 사토(Sir Ernest Mason Satow, 1843~1929, 이하 '사토')
의 한국 고전적 수집 활동에 대해 살피고자 한다.

2. 케임브리지대학 소장 한국 고전적 자료의 개황

　케임브리지대학 소장 한국 고전적 자료에 대해서는 아직 별도의
목록이 만들어져 있지 않다. 다만 도서관에서 자체적으로 사용하는

5　이번 조사를 통해 확인한 자료 가운데에는 엄밀히 말해 한국 고전적으로 분류하기
　어려운 자료들도 있다는 점을 밝힌다. 한국 고전적으로의 포섭 여부에 대해서는 추후
　연구진의 논의를 거쳐 확정하고자 한다. 조사단의 공식집계는 85종 153책이다.
6　케임브리지대학 외에도 옥스퍼드 대학과 런던대학 SOAS에도 상당수의 한국 고전적
　자료가 소장되어 있음을 이번 현지 조사를 통해 확인하였다. 런던대학 SOAS 소장
　자료에 대해서는 조사를 완료하였고, 옥스퍼드 대학 소장 자료에 대해서는 소장 사실
　에 대해서만 한국학 담당 사서인 Riley Ha 선생님으로부터 자료의 윤곽을 확인하였다.

간략한 목록이 있어서 전체 현황을 짐작할 수 있었다. 하지만 이 목록에는 한국뿐만 아니라 일본 자료의 목록도 함께 포함되어 있었다. 따라서 자료의 제목을 토대로 한국본이라 짐작되는 자료를 열람 신청하여 조사를 진행하였다.[7]

이와 함께 기존에 출간되어 있던 목록집 *Early Japanese books in Cambridge University Library: a catalogue of the Aston, Satow and von Siebold collections*를 참조하였다.[8] 이 목록집은 케임브리지대학에서 1910년대 초에 세 명의 학자들로부터 기증을 받은 일본 고전적을 대상으로 작성한 것이다. 여기에는 당대에 일본학 연구의 선구자로 인정을 받던 사토, 애스턴, 하인리히 폰 지볼트(Heinrich von Siebold, 1852~1908)가 평생을 걸쳐 수집했던 일본 관련 자료들이 포함되어 있다.[9] 이 목록집의 제목은 '일본서'라고 되어 있

7　조사 기간 동안 동아시아 열람실(The East Asian Reading Room)의 일본·한국 자료 담당 사서인 고야마 노보루(小山騰) 선생님의 도움을 받았다. 지면을 빌려 감사를 표한다.

8　Hayashi, Nozomu, and Peter Kornicki, eds. *Early Japanese books in Cambridge University Library: a catalogue of the Aston, Satow and von Siebold collections*. Vol.40. Cambridge University Press, 1991.

9　케임브리지대학에 들어간 애스턴 구장서는 약 1,900종 9,500책 규모이다. 1911년에 기증을 약속했다가 기증 전에 세상을 떠났고 이듬해 대학이 애스턴의 상속자로부터 £250의 가격으로 사들였다고 한다. 사토 구장서는 그가 직접 기증한 자료들이다. 1912년에 371책, 1913년에 62책을 기증하였다고 한다. 지볼트 구장서는 총 721책 규모로 그의 수양딸이 1911년에 대학에 기증하였다. Hayashi, Nozomu, and Peter Kornicki, eds. *Early Japanese books in Cambridge University Library: a catalogue of the Aston, Satow and von Siebold collections*. Vol.40. Cambridge University Press, 1991, 1~12쪽.

지만 여기에는 중국·일본·한국·베트남의 책들이 모두 포함되어 있음을 확인하였다. 이 목록집에는 청구기호를 포함하고 있는데, FE 또는 FK로 시작하는 자료들은 중국과 일본을 제외한 극동 지방의 서적들을 의미했다. 따라서 이를 중심으로 목록을 점검하고 자료 열람을 신청하여 조사를 진행하였다.[10]

위와 같은 방식으로 찾아낸 자료는 주로 애스턴의 구장본이었는데, 총 20여 종에 그쳤다. 애스턴 구장본 대부분이 현재 러시아 상트페테르부르크의 국립대학과 동방학연구소에 소장되어 있다는 사실을 알고 시작한 조사였음에도 불구하고 상당한 아쉬움이 남았다. 이를 보완할 방책으로 출입이 가능한 서고의 책들을 일일이 훑고, 담당 사서인 고야마 노보루 선생님의 도움을 받아 귀중본 보관실 가운데 한국본이 집중적으로 보관되어 있던 서가에서 목록에 등재되어 있지 않은 자료를 찾기도 하였다. 이 과정에서 성공회 선교사들이 1902년에 케임브리지대학으로 보낸 초기 성경 자료 62종을 확인하였다.

끝으로 도서관 내에서 온라인으로 접근하여 간략한 서지 목록을 확인할 수 있는 중국 고전적 자료를 일일이 열람하여 중국본으로 잘못 분류되어 있는 자료들을 찾아 열람을 요청하고 실물을 확인하여 5종의 자료를 확인하였다. 이렇게 해서 확인한 자료는 총 89종 165책에 달했다.

이는 비록 큰 규모가 아니지만 기존에 알려져 있지 않았던 기관에

---

10 FE로 분류된 자료는 2종, FK로 분류된 자료는 72종이다. 하지만 여기에는 오키나와, 베트남, 만주 관련 자료가 포함되어 있었고, 한국 관련 자료는 20여 종을 확인하였다.

서 한국 고전적 자료의 실물을 확인할 수 있었다는 점에서는 의미가 있다고 할 수 있다. 또한 기존에 해외로 유출된 한국 고전적 자료들과는 유전(流轉) 경위에 차이가 있다는 점도 특기할 만한 부분이다. 서양의 학자가 한국이 아닌 일본에서 한국 고전적을 수집한 경우는 흔치 않기 때문이다.

본고에서 케임브리지대학 소장 한국 고전적 자료의 성격을 효과적으로 밝히기 위해 먼저 도서관에서 사용하고 있는 청구기호 분류를 간략히 언급하고자 한다. 이는 전체 자료의 성격을 개괄적으로 살피기에 적절하기 때문이다.

〈표 1〉 케임브리지대학 자체 청구기호별 분류

청구기호	자료 수	성격
FB	2	중국서: Wade Collection 제외
FC	5	중국서: Wade Collection
FE	56	극동지역서: 중국·일본 제외
FJ	5	일본서: 희귀본
FK	21	극동지역서: 희귀본(중국·일본)

위의 청구기호는 1950년대에 케임브리지대학의 사서였던 시델(E. B. Ceadel, 1921~1979) 등이 고안한 분류 체계를 따른 것이다.[11] 현재

---

11 Hayashi, Nozomu, and Peter Kornicki, eds. *Early Japanese books in Cambridge University Library: A Catalogue of the Aston, Satow and von Siebold Collections.* Vol.40. Cambridge University Press, 1991, 19쪽.

한국 고전적이 수장되어 있는 동아시아 열람실(East Asian Reading Room)의 모든 서적에는 이 체계를 적용하고 있다. 중국서와 일본서의 규모가 크기 때문에 별도로 분류하였다. 또한 중국서 가운데에는 토마스 웨이드(Sir Thomas Francis Wade, 1818~1895, 이하 '웨이드')가 기증한 장서가 가장 큰 비중을 차지하기 때문에 별치를 해두었다. 웨이드 장서는 총 883종 4,304책에 달할 정도로 상당한 규모이다.[12]

분류 체계의 원칙대로라면 한국 고전적은 모두 위의 분류 가운데 FE 또는 FK의 분류에 포함되어야 할 것이다. 하지만 다음의 두 가지 이유로 인해 다른 분류가 적용된 듯하다. 첫째, 조선에서 간행되었거나 재가공되었다고 하더라도 원서가 중국·일본일 경우 해당 국가의 서적으로 편입시켰다. 둘째, 이번 조사에서 중요한 자료로 판단하여 목록에 포함시킨 저술 가운데에는 엄밀하게 분류할 경우 한국 고전적이라고 할 수 없는 자료들도 일부 포함되어 있다. 예를 들어 사토의 구매서 목록, 애스턴의 개인 기록, 옹수곤(翁樹崑, 1786~1815)이 필사본으로 소장했던 『고려사(高麗史)』 등이 이에 해당한다.

앞서 잠시 언급했지만 케임브리지대학 소장 한국 고전적 자료들 가운데 다수를 차지하는 것은 '애스턴 구장본', '초기 성경 자료', '웨이드 구장본'으로 나눌 수 있는데, 이들 자료의 성격은 대부분 위의 분류와 일치한다. 애스턴 구장본은 주로 FK로 분류되어 있고, 초기

---

12 Wade, Thomas Francis. *A Catalogue of the Wade Collection of Chinese and Manchu Books in the Library of the University of Cambridge*. University Press, 1898. 이 목록집은 Internet Archive에서 구축한 DB를 통해 전문을 열람할 수 있다. https://archive.org/details/catalogueofwadec00cambuoft

성경 자료는 주로 FE로 분류되어 있으며, 웨이드 구장본은 FC로 분류되어 있기 때문이다.

이와 같은 청구기호별 분류를 염두에 두고, 다음으로는 이들 자료에 '수서(收書) 시기에 따른 분류'를 적용하여 특색을 살펴보고자 한다.

〈표 2〉 수서 시기별 분류

수서 시기	자료 수	성격
1886	5	웨이드 장서
1902	62	한국에서 간행된(1890~1901) 성경 자료
1911	17	애스턴 장서
1937	1	중국본으로 분류된 자료
1959	1	개인 기증
1960	2	수장 경위 불명
1979	1	수장 경위 불명

케임브리지대학 소장 자료는 대부분 연도와 달이 명기된 수서인(收書印, accession stamp)을 찍어 두었기 때문에 구득 시기를 판별하기가 수월하였다. 전체 89종의 자료는 위의 표와 같이 7차례에 걸쳐 케임브리지대학에 들어가게 되었다. 이를 순서대로 살펴보자.

케임브리지대학에서 한국 고전적을 처음으로 입수한 때는 1886년으로, 웨이드가 수집했던 중국본 가운데 섞여 있다가 도서관으로 기증할 때 함께 들어가게 되었다. 『동국통감(東國通鑑)』, 『고려명신전(高麗名臣傳)』, 『삼경사서정문(三經四書正文)』, 『규장전운(奎章全韻)』, 『고려사(高麗史)』 등 5종의 자료인데, 이 자료는 지금까지 중국본으로 잘못 분류되어 있다가 이번 조사를 통해 한국 고전적임을 확인하게 되었다.[13] 도서관 내에서만 가능한 중국서 DB 검색을 통해 제목과 저자 사항을 검토한 결과 『동국통감』의 저자가 '명(明) 서거정(徐居正)'으로, 『고려명신전』의 저자가 '청(淸) 공철(公轍)'로 기록되어 있음을 보고 열람을 요청하여 실물을 보게 된 것이다. 사실 이러한 실수는 한국학 전문 사서가 없는 외국 대학에서 흔히 벌어지는 일이기는 하지만 이번 조사를 통해 바로잡을 수 있는 기회를 가지게 되었다. 위에 제시한 5종의 자료는 모두 웨이드 컬렉션에 포함되어 청구기호 FC로 분류되어 있다.

다음으로는 구한말에 한국에서 선교자들이 수집해 간 초기 성경 자료 62종이 1902년에 대규모로 들어가게 되었다. 구체적인 내막을 확인하기는 어렵지만 아마도 당시에 아시아 지역으로 선교 활동을 나갔다가 귀국했던 성공회 신부들에 의해 납본이 이루어졌던 것으로 추정된다. 대한성공회(大韓聖公會)의 전신(前身)인 영국종고성교회(英國宗古聖敎會)에서 간행한 서적들뿐만 아니라, 감리교(監理敎)의 미이미교회(美以美敎會)에서 간행한 서적, 장로교(長老敎)의 정동 예수교회당에서 간행한 서적, 연합 성격을 띠는 대한성교서회(大韓聖敎書會)에서 간행한 서적들이 골고루 포함되어 있다. 간행 시기는 1890년

---

13 이 목록은 '청구기호', '서명', '저자사항', '발행지', '발행년', '보관 장소' 등 6가지 정보를 담고 있다. 현재는 대학 외부에서도 온라인으로 검색이 가능하다. URL은 다음과 같다. http://www.lib.cam.ac.uk/mulu/class.html

에서부터 1901년 사이이다. 지금은 대부분 FE(극동지역서 일반서)로 분류되어 개가실에 보관되어 있다.[14]

이후 1911년에 케임브리지대학에서 애스턴 구장본을 구입했을 때 한국 자료가 일부 포함되어 있었다. 기존에 잘 알려져 있듯이 애스턴 구장본 가운데 한국과 관련한 책들은 대부분 러시아의 동방학연구소로 가게 되었다. 반면 일본과 관련한 책들은 대부분 케임브리지에 들어가게 되었는데 이 가운데 한국 관련 자료가 일부 섞여 있었던 것으로 보인다.

한편 애스턴 구장본 가운데에는 사토의 장서인이 찍혀 있는 자료가 3종 있다. 애스턴과 사토는 외교관의 신분으로 조선과 일본에 체류하였는데, 어학과 외교 분야에 큰 관심을 가지고 자료를 수집했던 인물이다. 비록 사토가 수집했던 자료들은 대부분 영국박물관으로 기증되었고, 애스턴이 수집했던 자료들은 대부분 러시아 동방학연구소로 기증되었지만 케임브리지대학에 남아 있는 자료들은 이들의 한국 고전적 수집 활동을 엿볼 수 있다는 점에서 큰 의미가 있다. 또한 각자가 자필로 남긴 조선본 장서 목록이 소장되어 있어서 장서 수집의 현황을 파악할 수 있는 자료적 가치가 높다고 할 수 있다.[15]

애스턴의 구장본 이후로는 1937년에 1종, 1959년에 1종, 1960년에 2종, 1979년에 1종의 한국본 자료가 케임브리지대학으로 들어가게

---

14 필자는 우리나라의 초기 교회사에 대해 문외한이기 때문에 본고에서 더 이상의 자세한 언급은 피하고자 한다. 다만 해당 분야에 감식안을 갖춘 연구자라면 향후에 국내에 전하는 자료들과의 비교를 통해 큰 의의를 이끌어낼 수 있을 것으로 기대한다.

15 사토와 애스턴의 교유와 연구 활동에 대해서는 다음 장에서 상세하게 논하고자 한다.

되었다. 기증자를 분명히 알 수 있는 1959년에 기증된 1종의 자료 외에는 소장하게 된 경위를 명확하게 알기가 어렵다. 그러나 대학 측에서 자체적으로 한국 고전적 수집을 의도하지는 않았음은 분명 하다.

1959년에 기증된 자료는 『역경금문고통론(易經今文考通論)』이다. 구한말과 일제강점기에 영남 지역에서 유교 개혁 운동을 펼친 유학 자 이병헌(李炳憲, 1870~1940)의 저술로서 1926년에 경남 진주에서 간 행한 석인본 자료이다. 이 자료 안에는 경고유교연구동지(敬告儒敎硏 究同志)라는 등사물과 편지 한 통이 끼어 있었다. 편지는 이 저술의 저자인 이병헌의 아들 이재교(李在敎, 생몰년 미상)가 1959년에 케임브 리지대학에 보낸 것이다. 이재교는 아버지의 저술을 간행하고 그 뜻 을 이어받아 유학 부흥 활동을 지속적으로 펼친 듯하다. 편지에서는 자신이 영국에서의 유학(儒學) 연구에 관심이 많으며, 그 연구에 보 탬이 되기 위해 서적을 대학에 기증한다는 내용이 적혀 있다. 따라서 케임브리지 소장 한국 고전적 자료 대다수와는 달리 이 자료는 별도 의 방식으로 후대에 개인이 기증하여 보관된 것임을 알 수 있다.[16]

1960년에 들어간 자료로는 『상원제어(象院題語)』와 『어정규장전운 (御定奎章全韻)』 2종이 있다. 『상원제어』는 사역원(司譯院)에서 사행 (使行)에 대한 절차나 정보 등을 정리해 놓은 책으로 조선후기에 간행 된 목판본이다. 이 책의 권말(卷末)에는 "明治23年(1890)京城鐘路二 於テモトム白須直"라는 구득기(購得記)가 적혀 있어서 시라스 나오(白

---

16 이 책은 한국본이지만 FB(중국서: 웨이드 컬렉션 제외)로 잘못 분류되어 있다.

須直)라는 일본인이 종로에서 구입해간 책이 일본을 거쳐 영국으로 들어가게 되었음을 알 수 있다. 『어정규장전운』은 표지 안쪽에 "光緖 七(1881)三月日/徐在羲/內賜奎章全韻一件/命除謝/命官弘文提學閔 泳穆/檢校待敎臣洪淳馨(手決)"이라는 내사기(內賜記)가 적혀 있는 내 사본(內賜本)이다. 표지에 "辛巳(1881)三月日製入格"이라 적혀 있으므 로 1881년 과거에서 급제 후 내사 받은 책임을 알 수 있다. 목록 첫 면에는 '규장지보(奎章之寶)' 인이 찍혀 있고, 목록 뒤 권수제면에는 '松琴文庫', '北島愛藏', '聖展之惠' 장서인 3과가 찍혀 있다. 뒷표지 안쪽에는 당해 과거의 시제(詩題)와 합격자 명단, 그리고 관(官)의 전 령(傳令)이 적혀 있어서 전말을 쉽게 알 수 있다. 두 책 모두 조선에서 일본을 거쳐 케임브리지대학으로 들어가게 된 자료임은 분명해 보 이나 명확한 구득 경위는 확인하기가 어렵다.

이상에서 케임브리지대학 소장 한국 고전적 자료의 현황을 정리 하고, 장서의 특징을 수서 시기 별로 나누어 살펴보았다. 웨이드 구 장본이나 애스턴 구장본과 같이 케임브리지대학에서 중국·일본의 책들을 기증받았을 때 한국 고전적 자료들이 함께 들어간 경우, 그리 고 초기 성공회 선교사들이 1902년에 대학 측에 기증한 자료들이 대다수임을 확인할 수 있다.

3. 소장 자료 관련 개인 수집가: 사토와 애스턴

잠시 자신의 서재에 꽂혀 있는 책들을 떠올려 보자. 아마도 적게는 몇백 권에서 많게는 몇천 권을 소장하고 있을 것이다. 하지만 남다른 기록벽(記錄癖)이 있는 사람이 아니라면 언제, 어디서, 어떤 방식으로 구입을 했는지 대부분 기억하지 못할 것이다. 때로는 누군가로부터 빌려온 책이 섞여 있을 것이고, 누군가에게 빌려준 자신의 책이 지금 어디에 있는지 알지 못할 것이다. 이처럼 불과 몇십 년 전에 구입한 책에 대한 정보를 기억하지 못하는 것도 당연한 상황이므로 백여 년 전에 일어났던 책의 구입, 소장, 유전(流轉)의 경위를 파악하기란 더욱 힘든 일이 될 것이다.

현재 케임브리지대학에 소장되어 있는 한국 고전적 자료들은 대부분 19세기 말에서 20세기 초에 조선 땅 어딘가에서 이방인의 손에 구입되어 여러 곳을 거치다가 정착된 책들이다. 이 책들이 과연 어떤 경로로 일만 킬로미터 떨어진 곳의 도서관으로 들어가게 되었을지 파악하는 일은 무척 어렵다. 하지만 비록 그 경위를 완벽하게 재구해 내기는 어렵다고 하더라도 대체적인 정황을 파악하는 일은 필요하다고 본다. 이 장에서는 개인 수집가를 중심으로 그 경로를 알아보고자 한다.

케임브리지대학 소장 한국 고전적 자료와 관련하여 가장 주목할 만한 인물은 단연 사토와 애스턴이라고 할 수 있다. 사토와 애스턴은 19세기 후반에 외교관의 자격으로 일본에 함께 머물며 친밀한 관계를 유지하였다. 특히 몇몇 사람들과 함께 'the Asiatic Society'라는 연구회를 만들어 일본과 한국에 대해 심도 있는 연구를 진행할 정도였다. 이들의 연구 활동 및 교유에 대해서는 최근에 발굴된 사토의 서신 모음집을 통해 상세하게 엿볼 수 있다.[17] 애스턴의 한국 영사

부임(1884년) 이후의 행적에 대해서는 몇 차례의 선행 연구에서 거론한 바 있으므로,[18] 본고에서는 그 이전 시기 일본에서 사토와 교유했던 일을 중심에 두고 논의를 펼치고자 한다.

　사토는 1862년에 학생 통역관으로 선발되어 일본에 부임한 후 약 20년간 일본에서 생활하였다. 애스턴은 1864년에 역시 학생 통역관으로 선발되어 일본에 부임하였다. 비록 현재 남아 있는 사토가 애스턴에게 보낸 편지는 1872년부터 시작되지만, 그들의 교유는 애스턴의 부임 이후 시작되었을 것으로 추정된다. 그들의 서신에서 한국 또는 한국어에 대한 내용이 처음 보이는 것은 1879년부터이다. 이때부터 1882년까지 약 3년간 한국어와 한국 책에 대한 언급이 집중적으로 보인다. 이 당시 사토는 도쿄 주재 영국 공사관의 서기관으로 일하면서 나가사키에서 근무하던 애스턴과 편지를 통해 한국과 한국어에 대한 정보를 주고받았다.

　이들은 일본에 머무는 기간 동안 상당한 양의 서적들을 사들인 듯하다. 먼저 사토가 1879년 3월 4일에 애스턴에게 보낸 편지를 보자.

---

17 이 자료에 대해서는 1980년에 사학계에서 소개된 바 있다. 류영렬, 「사료소개: 이동인에 관한 SATOW의 문서」, 『사학연구』 31호, 한국사학회, 1980, 121~136쪽. 최근에 이 자료 전체가 케임브리지대학의 Peter Kornicki 교수에 의해 책으로 발간되었다. Satow, Ernest Mason. *Sir Ernest Satow's Private Letters to WG Aston and FV Dickins: The Correspondence of a Pioneer Japanologist from 1870 to 1918.* Lulu. com, 2008.

18 코뱌코바 울리아나, 「애스톤 문고 소장 『Corean Tales』에 대한 고찰」, 『서지학보』 32호, 한국서지학회, 2008, 77~99쪽. ; 허경진·유춘동, 「러시아 상트페테르부르크 국립대학과 동방학연구소에 소장된 조선전적(朝鮮典籍)에 대한 연구」, 『열상고전연구』 36집, 열상고전연구회, 2012, 9~32쪽.

　책들은 우리가 사기에 너무도 비싼 것 같습니다. 적어도 지금으로선 말이죠. 우리는 최근에 $100을 주고 the China Repository(역자주: 1832년에서 1851년까지 중국에서 발행한 영문 월간지 中國總報 the Chinese Repository를 가리키는 듯하다)를 구입했어요. 그래서 우리 자금에 큰 구멍이 생기고 말았습니다. 저는 우리가 가지고 있는 책을 보관할 내화(耐火) 보관소가 있었으면 하는 생각이 듭니다. 혹여 화재라도 당한다면 도서관을 짓는 일이 아무 소용 없기 때문이죠. 저는 최근에 제 도서관으로 사용할 가로 9미터 세로 4.5미터짜리 창고를 만들고 있습니다. 위층이 있는 것으로요. $400 정도가 든다고 합니다. 공사가 끝나면 기꺼이 그대의 보물들을 안전하게 보관해 드리지요.[19]

　위의 편지는 사토가 책에 대해 얼마나 큰 애착을 가졌는지 잘 보여준다. 또한 그러한 서벽(書癖)을 애스턴 역시 일정 정도 공유했음을 알 수 있다. 사토는 필요한 책이 있으면 비싼 가격을 지불하고서라도 구입을 망설이지 않았다. 또한 큰돈을 들여 대규모의 창고를 개인 도서관으로 만들어 책을 보관할 정도였으므로 그가 소장했던 장서의 규모가 어떠했는지 짐작이 갈 정도이다.[20] 편지는 애스턴의 책을

---

19 앞의 책, 26~27쪽, 1879년 3월 4일의 편지. "The book would be too dear for us to buy, at least at present. We have lately purchased for $ 100 the China Repository, which has made a great hole in our funds. I wish we had a fireproof place to put our books in, for it is no use forming a library with the chance of its being burnt. I am building a godown[warehouse] for my own library, to be 30 ft by 15, with a top story; it will cost about $400. When it is finished I shall be delighted to shelter your treasures."

20 사토의 장서는 케임브리지대학에 3,000종 10,000책, 영국도서관에 1,200책, 옥스퍼

기꺼이 보관해주겠다는 가벼운 농담으로 끝을 맺는데, 이를 통해 이들이 필요한 책을 서로 요청하거나 빌려주었음을 알 수 있다.

또한 사토는 최근에 한국어를 공부할 기회가 생겨 자신이 빌려주었던 책을 돌려받기를 청하기도 하였고, 자신에게 한국어를 가르쳐줄 한국인이 애스턴을 직접 만나보기를 청한다는 말을 전하기도 한다.[21] 그 후 몇 달이 지나지 않아서 언젠가 함께 만날 날 한국어로 대화를 해보고 싶다는 열의를 내비치기도 할 정도였다. 사토에게 한국어를 가르쳐준 이는 아사노(朝野, 한국명 李東仁)라고 기록되어 있는데,[22] 사토는 이동인으로부터 한국어 구문을 더욱 명확하게 이해하기 위해서는 한국어로 되어 있는 한문 고전을 읽어야 한다는 충고를 받았다고 하였다.[23] 이전의 편지에서 한국어 공부에 대한 언급이 전혀 없었다는 점에서, 이때의 충고가 사토로 하여금 한국 고전적을 수집하게 만들었던 것으로 보인다. 따라서 사토의 한국 고전적 수집은 1880년 이후 일본에서 시작된 것으로 봐야 할 것이다.

사토가 애스턴에게 보낸 편지에는 한국 관련 서적을 얻게 된 일이 여러 차례 언급되고 있다.[24] 서로가 필요로 하거나 흥미를 가질 만한

드 대학에 불교관련 자료 328종이 전해졌다고 한다. 앞의 책, 317쪽.

21 앞의 책, 26~27쪽. 1880년 5월 12일의 편지.

22 이동인에 관한 기록은 1880년 5월 12일의 편지에 처음으로 보인다. 이동인은 조선말기 범어사(梵魚寺) 출신의 승려로서 메이지유신 이후 일본의 발전상에 관심을 가지고 개화사상에 심취했었다. 1879년 일본으로 밀항하여 아사노(朝野)라는 가명으로 활동했다. 사토의 집에 머물면서 영국 외교관 및 일본의 지식인들과 접촉하며 견문을 넓혔다고 한다. 이동인에 대한 사토의 기록은 1881년까지 남아 있다.

23 앞의 책, 28쪽. 1880년 7월 19일의 편지.

책을 소개하거나 빌려주기도 하였으며,[25] 애스턴은 자신의 한국어 교사를 사토에게 소개하여 사토의 한국어 실력 향상을 적극적으로 도와주기도 하였다.[26] 또한 사토는 훗날 있을 한국과의 직접 수교를 대비하여 한국어 지명을 정확하게 쓰는 편이 좋겠다는 의견을 애스턴에게 전하기도 하였다. 구체적으로는 당시 쓰고 있던 Gensan 대신 Uonsan(원산)을, Tôrai 대신 Tongnai(동래)를, Seoul 대신 Soul(서울)을 예로 들었다.[27] 한국과 영국의 수교가 1883년에 이루어졌다는 사실을 감안한다면 이미 그 이전부터 한국과의 수교를 준비하고 있었고, 이들이 한국의 역사와 언어에 대해 체계적인 연구를 진행하며 책을 구입한 것은 그와 같은 준비의 일환이었다고 봐도 무방할 것이다. 실제로 애스턴은 1883년에 한국에 입국하여 1884년에 초대 주한 영국공사직을 수행했으며, 이후 한국어를 지속적으로 공부하여 당시 유럽인 가운데 일본어와 한국어를 가장 유창하게 구사하던 이로 평가를 받기도 하였다.[28] 이를 보면 당시 사토와 애스턴이 진행한 한국 연구가 상당히 전문적이고 체계적이었음을 알 수 있다.

---

24 앞의 책, 64쪽, 1881년 11월 7일의 편지; 65쪽, 1881년 11월 18일의 편지; 66쪽, 1881년 11월 29일의 편지 등.

25 앞의 책, 45쪽, 1881년 2월 28일의 편지.

26 앞의 책, 44쪽, 1880년 12월 22일의 편지.

27 앞의 책, 39쪽. 1880년 10월 30일의 편지.

28 앞의 책, 320쪽, Biographical Details of W.G. Aston, "task. Later he extended his studies into Chinese and Korean philology, and was the first among either European or Asiatic scholars to show the affinity of the Korean and Japanese languages."

사토와 애스턴의 한국 학습에 대한 서신은 사토가 일본을 떠나기 전인 1882년까지 집중되어 있다. 그러나 사토가 방콕 총영사로 발령을 받은 1884년 이후의 서신에서도 꾸준하게 한국어 학습을 진행했으며 책을 주고받기도 한 사실을 확인할 수 있다. 그러므로 한국 고전적과 관계된 이들의 교유는 비교적 장기간에 걸쳐 진행되었다고 봐야 할 것이다. 또한 지금까지 애스턴이 한국 고전적을 수집한 시기는 그가 서울에 머물던 1884년부터 1886년 사이로 알려져 있었지만,[29] 이보다 앞서 이미 일본에서 한국 고전적에 관심을 갖고 수집 활동과 연구 활동을 진행했음을 확인할 수 있다. 애스턴이 임진왜란, 한일어 비교 연구, 한국어학, 한국 지명 연구 등 한국학과 관련한 깊이 있는 논저들을 다수 남길 수 있었던 데에는 이러한 배경이 자리하고 있다.

케임브리지대학에는 이와 같은 사토와 애스턴의 교유를 직접적으로 확인할 수 있는 자료가 3종 남아 있다.

---

29 Kornicki, P. F. *Collecting Japanese Books in Europe from the Seventeenth to the Nineteenth Centuries, Bulletin of Portuguese-Japanese Studies* 8, 2004, 30쪽.

FJ 391. 19	조선통교총론 朝鮮通交總論
	朝鮮通交總論 / --筆寫本. -- [發行地不明] : [發行處不明], [發行年不明] 1册 ; 24.4 × 17.7 cm 日漢文混用 印文 : 英國薩道藏書

FK 225. 1	삼한기략 三韓紀略
	三韓紀略 / --筆寫本. -- [發行地不明] : [發行處不明], [發行年不明] 2卷2册 ; 29.3 × 19.3 cm 印文 : 武田氏圖書印, 英國薩道藏書

FK 243. 1	조선연대기 朝鮮年代記
	朝鮮年代記 / 金思恭(朝鮮) 輯錄 ; 曾貞幹 (淸) 編譯. --木板本. -- [江戶(日本)] : [東武書坊], [1763] 3冊 : 揷圖, 四周雙邊 半郭 15.2 × 10.8 cm, 6行14字, 無魚尾 ; 19.1 × 13.1 cm 日漢文混用 印文 : 鍾奇齋圖書記, 躋壽館, 英國薩道藏書

위에 제시한 3종의 자료에는 모두 사토의 한자(漢字) 가차명(假借名)인 '薩道'를 찍은 '英國薩道藏書'인이 찍혀 있다. 그런데 여기에는 애스턴 구장본이 케임브리지대학에 기증되었을 때 찍은 수서인이 함께 날인되어 있다. 따라서 사토 소유의 책이 애스턴에게로 전해졌다가 케임브리지대학으로 들어가게 된 자료임을 알 수 있다. 다음의 기록은 이러한 정황을 짐작케 해준다.

만년에 사토는 그의 책 가운데 상당수를 Chamberlain에게 주었는데, 그보다 더 많은 책을 1892년에 애스턴에게 주었다. 이는 애스턴이 은퇴 후에 영국에서 연구를 지속할 수 있도록 돕기 위해서였다. 1911년에 애스턴은 사토의 허락 하에 일본 서적을 케임브리지대학에 기증하고자 하였다. 기증 약속이 이루어지기 전에 애스턴은 사망하였다. 그러자 케임브리지대학에서는 그의 상속자로부터 £250를 주고 책을 사들였다. 이는 대학 측에서 적당한 값을 쳐준 것이었다.[30]

사토가 관심을 가졌던 자료는 주로 조선의 역사 또는 어학과 관련이 있다. 위의 자료는 모두 조선의 역사와 관련한 자료들이다. 『조선통교총론』은 저자 미상의 자료로 조선 전기부터 후기까지 일본과 조선 사이의 역대 외교 관계를 정리해 놓은 책이고, 『삼한기략』은 이토 도우가이(伊藤東涯, 1670~1736)의 저술로서 삼한(三韓)부터 조선시대까지의 역사를 정리해 놓은 책이며, 『조선연대기』는 조선의 김사공(金思恭, 생몰년 미상)이라는 인물이 짓고 청(淸)의 증정간(曾貞幹)이 보완하고, 일본의 도우 에이쇼(滕英勝)가 교정한 저술이다. 1763년 목판으로 간행하였다. 『삼한기략』에는 '武田氏圖書印'이라는 장서인이, 『조선연대기』에는 '鍾奇齋圖書記', '躋壽館'이라는 장서인이 찍혀 있다. 정확한 소유자는 확인할 수 없지만 이는 모두 일본인 소유의 도서였다. 그러므로 사토는 일본에서 간행되거나 필사된 조선 관

---

30 앞의 책, 317쪽, A Brief Note on Satow's Collections of Japanese Books, "In later years Satow gave away a great many of his books, some to [Basil Hall] Chamberlain but the greater part to Aston in 1892 in order to provide Aston with the materials for his research after his retirement in England. In 1911 Aston offered, with Satow's approval, his collection of Japanese books to Cambridge University. He died before the arrangements could be completed, but they were bought from his executors shortly afterwards for £ 250, which the University rightly considered a very moderate sum."

계 자료를 사서 모으고 이를 애스턴과 돌려봤다는 사실을 확인할 수
있다. 케임브리지대학에 소장되어 있는 조선 관계 자료는 일본에서
간행되거나 일본인의 손에 의해 저술된 것이기는 하지만, 사토가 애
스턴에게 보낸 편지를 통해 미루어볼 때 한국 고전적 역시 상당수
이와 같은 방식으로 구입하여 공유했을 가능성이 크다.

　이러한 사실을 뒷받침할 수 있는 자료 가운데 하나가『조선판서적
목록(朝鮮版書籍目錄)』이다. 이 자료는 사토 본인이 구입한 조선 관련
서적들을 정리하여 자필로 적은 필사본 목록이다. 여기에는 총 48종
의 목록이 기재되어 있다. 48종의 자료 가운데에는 한문과 한글이
함께 적혀 있는 언해본, 또는 한글 소설이 다수를 차지한다. 이는
사토의 편지 가운데『대학(大學)』을 언해본으로 읽었다고 한 언급,[31]
또는 한글 소설을 보내준 애스턴에게 감사 인사를 전했던 것과[32] 일
정한 관련이 있다고 할 수 있다.

　한편 케임브리지대학에는 애스턴의 장서 목록 역시 2종이 남아
있어 참고로 삼을 만하다. 『장서목록(藏書目錄)』은 애스턴이 직접 한
자로 적은 목록으로서 '조선관계서류(朝鮮關係書類)'와 '조선본(朝鮮
本)'으로 분류하여 기록이 되어 있다. 조선관계서류로는 총 32종의
자료가 수록되었고, 조선본으로는 43종의 자료가 수록되어 있다.[33]

---

31 앞의 책, 48쪽, 1881년 3월 30일의 편지.
32 앞의 책, 26~27쪽. 1880년 5월 12일의 편지; 앞의 책 45쪽, 1881년 2월 28일의
　편지 등.
33 목록에 기재한 제목으로 검색했을 때 43종의 자료 가운데 러시아 상트페테르부르크
　소장 자료, 케임브리지대학 소장 자료에 포함되어 있지 않은 자료는 10여 종에 불과

이 목록에 수록된 자료 가운데 케임브리지대학에 들어간 자료는 『조선관안(朝鮮官案)』 1종이 유일해 보인다.

『조선관안』은 조선의 각종 관직명이 적혀 있고, 그 아래는 공란으로 되어 있는 일종의 관직명 목록이다. 공란에는 쪽지를 붙여 관직을 맡은 이에 변동이 있을 때 쉽게 교체할 수 있도록 한 듯하다.

FK 219. 1	조선관안 朝鮮官案
	朝鮮官案 / --筆寫本. -- [發行地不明] : [發行處不明], [發行年不明] 1冊 : 24.5 × 13.0 cm 購入記: W.G. Aston bought at Osaka, 1880. This book is a list of Korean officials, 200 or 300 years age. Or rather official titles. The owner probably attached the names of the persons holding the post at the time on slips of paper pasted on below. Traces of this may be seen yet.

애스턴은 표지 안쪽에 1880년에 오사카에서 구입했다는 기록과 함께 이 책의 성격을 간략하게 추정하여 기록해 두었다. 사토와 애스

하다. 제목을 달리 적었을 경우를 감안한다고 하더라도 애스턴 구장서는 현전하는 규모보다 더욱 컸음을 짐작할 수 있다.

턴에게는 조선의 역사와 함께 관직 체계 역시 중요한 관심 사항이었던 듯하다. 사토가 1882년에 보낸 편지 가운데에는 에도에서 출판된 조선의 관직 체계에 관한 책을 보내준 데 대한 고마움을 표하는 내용이 있다.[34] 이 책 역시 현재 케임브리지대학에 소장되어 있는『조선관직고(朝鮮官職考)』를 가리키는 듯하다. 이처럼 이들은 한국과 영국 양국이 수교를 맺기에 앞서 한국에 대해 다방면으로 연구를 진행하였다. 현재 케임브리지대학에 남아 있는 자료들은 이 시기 이들이 진행했던 한국 연구의 실상을 보여주는 것이라 할 수 있겠다.

애스턴이 남긴 또 다른 장서목록은 영문으로 기록한 *Catalogue of W. G. Aston's collection of Japanese Books*이다. 일정한 크기의 직사각형 모양으로 메모지를 만들어 자신이 수득한 서적의 정보를 기록해 모아 두었다가 책의 형태로 만든 것으로 보인다. 여기에는 책의 제목, 발행년, 책수, 크기 정보를 적었고, 책의 내용을 간략히 덧붙여 두었다. 메모지 바깥의 여백에는 연필로 청구기호를 필사해 두었는데, 이는 케임브리지대학 도서관에서 애스턴의 장서를 정리하는 과정에서 가필한 듯하다. 두 책으로 되어 있는데 제1책에는 1,081종의 자료를, 제2책에는 897종의 자료를 수록하였다. 자료의 규모가 완벽하게 일치하지는 않지만 케임브리지대학에서 애스턴의 상속자로부터 사들였다고 하는 1,900종의 자료와 어느 정도 일치하

---

34 앞의 책, 76쪽, 1882년 11월 10일의 편지. "Many thanks for the title of the book on the Korean official system, which I hope to get, as it is said to be published in Yedo."

는데다가 현재의 청구기호와 대부분 일치하기 때문에 애스턴이 수
집한 일본 서적 대부분을 수록하고 있다고 봐도 무방할 것이다. 비록
이 목록집은 일본서를 대상으로 한 것이지만 이 가운데에는 케임브
리지대학에 소장된 조선 관계 서적의 흔적이 곳곳에 남아 있다는 점,
그리고 케임브리지대학에 소장되어 있지 않은 조선 관계 서적의 정
보를 제공한다는 점에서 일정한 자료적 가치를 부여할 수 있다.

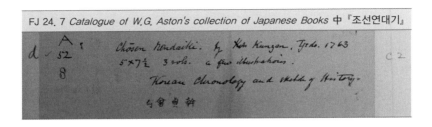

FJ 24. 7 *Catalogue of W.G. Aston's collection of Japanese Books* 中 『조선연대기』

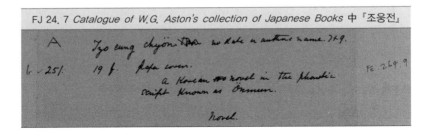

FJ 24. 7 *Catalogue of W.G. Aston's collection of Japanese Books* 中 『조웅전』

4. 맺음말: 조사의 의의와 향후 활용 방안

이상의 논의를 통해 케임브리지대학에서 소장하고 있는 한국 고
전적 자료의 현황을 개괄하고 특색을 살펴보았다. 이번 현지 조사의

의의와 향후 활용 방안을 몇 가지 제시하는 것으로 원고를 끝맺고자
한다.

첫째, 해외에 소장되어 있는 한국 고전적 자료에 대해 꾸준히 관
심을 갖고 조사를 지속해야 할 필요성을 확인하였다. 그간 선학(先
學)들의 부단한 노력을 통해 해외 소장 한국 고전적 자료들의 소재를
파악하고 상당한 기초 조사 연구 성과를 구축한 것이 사실이다. 그러
나 아직도 소재가 정확하게 파악되고 있지 않은 자료들 또한 조사를
기다리고 있다. 모든 기관을 일일이 방문하여 조사하는 것이 현실적
으로 불가능한 상황에서, 기존에 공식·비공식적으로 작성되어 있는
중국서·일본서의 서지 목록을 활용할 필요가 있다고 본다.

둘째, 자료와 자료, 수집가와 수집가 사이의 연관성에 주목할 필요
가 있음을 확인하였다. 특히 케임브리지대학 소장 자료의 경우 이러
한 점에서 각별한 의의가 있다. 애스턴 구장서의 경우 오늘날 러시아
와 영국에 분산되어 있다. 그 전모를 밝히기 위해서는 각지에 소장되
어 있는 자료 사이의 연관성을 찾아내야 할 것이다. 또한 구한말에는
사토와 애스턴의 경우처럼 공동의 목표로 인해 함께 연구를 진행하
거나 자료를 공유하는 일이 많았다. 미국 버클리대 소장 아사미 컬렉
션과 일본 도요문고 소장 마에마 컬렉션도 이와 유사한 경우라고 할
수 있다. 이처럼 수집가와 수집가 사이에 존재하는 연결 고리를 확인
함으로써 당시의 상황을 좀 더 구체적으로 파악할 필요가 있다.

셋째, 강탈이 아닌 온당한 절차를 거쳐 외국 도서관에 들어간 자
료들의 활용 방안을 찾을 필요가 있다. 케임브리지대학에서 소장하
고 있는 구한말 초기 성경 자료의 경우 자료의 보존 상태가 좋고 온

전한 컬렉션으로 존재한다. 이러한 자료들은 국내 현전본과의 비교 자료로서도 의미가 있을뿐더러 현지에서의 활용 가치도 높다고 생각한다.

〈참조자료〉

• 사토의 장서인 / 애스턴의 장서인 / 케임브리지대학의 애스턴 구장본 수서인

사토의 장서인	애스턴의 장서인	애스턴 구장본 수서인

참고문헌

• 김성철, 「19세기 후반~20세기 초반 서양인들의 한국 문학 인식 과정에서 드러나는 서구 중심적 시각과 번역 태도: Allen, Aston, Hulber의 저작물을 중심으로」, 『우리문학연구』 39집, 우리문학회, 2013.
• 류영렬, 「사료소개: 이동인에 관한 SATOW의 문서」, 『사학연구』 31호, 한국사학회, 1980.

- 모리스 쿠랑 저, 이희재 역, 『한국서지』, 일조각, 1994.
- 박상국, 「유럽소재 한국 고문헌 정리의 현황과 과제」, 『대동한문학』 제18집, 대동한문학회, 2003.
- 석주연, 「대영도서관 소장 국어사 자료에 대하여」, 『국어국문학』 제129권, 국어국문학회, 2001.
- 옥영정, 「해외 소장 한국본 고서의 정리 현황과 과제」, 『해외 한국본 고문헌 자료의 탐색과 검토』, 서울대학교 규장각 한국학연구원, 2012.
- 정병설, 「영국도서관 소장 경판한글소설 재론: 배접지를 통해 추론한 방각본의 간행 상황을 중심으로」, 『고전문학연구』 42집, 한국고전문학회, 2012.
- 허경진·유춘동, 「러시아 상트페테르부르크 국립대학과 동방학연구소에 소장된 조선전적(朝鮮典籍)에 대한 연구」, 『열상고전연구』 36집, 열상고전연구회, 2012.
- 허경진·유춘동, 「애스턴의 조선어 학습서 〈Corean Tales〉의 성격과 특성」, 『인문과학』 98, 연세대 인문학연구원, 2013.
- 황위주, 「해외 고문헌 조사의 현황과 향후 과제」, 『한국한문학연구』 41권, 한국한문학회, 2008.
- 코뱌코바 올리아나, 「애스톤 문고 소장 『Corean Tales』에 대한 고찰」, 『서지학보』 32호, 한국서지학회, 2008.
- 藤本幸夫, 「大英圖書館所藏朝鮮本に就いて」, 『朝鮮學報』 216, 朝鮮學會, 2010.
- Hayashi, Nozomu, and Peter Kornicki, eds. *Early Japanese books in Cambridge University Library: a catalogue of the Aston, Satow and von Siebold collections*. Vol. 40. Cambridge University Press, 1991.
- Wade, Thomas Francis. *A Catalogue of the Wade Collection of Chinese and Manchu Books in the Library of the University of Cambridge*. University Press, 1898.
- Satow, Ernest Mason. *Sir Ernest Satow's Private Letters to WG Aston and FV Dickins: The Correspondence of a Pioneer Japanologist from 1870 to 1918*, 2008.

제4부

기타 국외로 반출된
조선시대 전적의 현황과 문제

구한말~일제강점기,
외국인의 조선전적 수집의 현황과 의미

러시아 상트페테르부르크 국립대학과 동방학연구소, 일본 고마자와대학 소장본을 중심으로

허경진·유춘동

1. 서론

'한국고전번역학회'에서 발표를 맡은 두 사람은 그동안 미국의 하버드대학과 하와이대학, 프랑스의 동양어학교와 기메박물관, 러시아의 모스크바대학, 상트페테르부르크의 국립대학과 동방학연구소, 일본의 도요문고, 고마자와대학과 토야마대학 등을 방문하여 자료조사를 한 적이 있었고, 이를 토대로 이곳에 소장된 전적(典籍)들을 일부 발표한 바 있다.[1] 우리가 이 영역에 관심을 갖게 된 것은 '구한

1 허경진, 「고소설 필사자 하시모토 쇼요시의 행적」, 『동방학지』 112, 연세대 국학연구원, 2001. ; 허경진, 『하버드대학 옌칭도서관의 한국고서들』, 웅진북스, 2003. ; 유춘동, 「프랑스 공사관의 터다지기 노래 〈원달고가〉」, 『연민학지』 12, 2009. ; 유춘동·함태영, 「일본 토야마 대학 소장 〈조선개화기대중소설원본컬렉션〉의 서지적 연구」, 『겨레어문학』 46, 2009. ; 허경진·유춘동, 「러시아 상트페테르부르크 국립대학과 동방학연구소에 소장된 조선전적(朝鮮典籍)에 대한 연구」, 『열상고전연구』 36,

말~일제강점기'에 해외로 유출된 전적은 고전문학의 연구 자료로서
도 중요하지만 당시 우리나라의 출판문화(出版文化)의 실상을 밝히
고, 게일이나 애스턴의 예처럼 외국인들이 편찬한 우리나라 문학에
대한 출판물(번역물)의 의미를 밝히기 위해서도 반드시 정리해야 할
과제라는 인식에서였다.[2]

　조선전적들은 현재 해외 곳곳에 흩어져 있는데, 이 중에서 우리가
특별히 관심을 갖고 있는 곳은 프랑스, 러시아, 일본이다. 주지하다
시피 이곳에 있는 기관이나 대학도서관에는 우리나라의 수많은 전
적들이 소장되어 있다. 프랑스의 경우, 콜랭 드 플랑시·모리스 쿠랑

　열상고전연구회, 2012. ; 유춘동, 「일본 고마자와대학 다쿠소쿠 문고 소장, 조선전적
　과 고소설에 대한 연구」, 『한국학논집』 48, 2012.

2 이와 같은 인식에서 진행된 선행 연구들은 다음과 같다. 문학에서는 이능우·이옥,
　「파리 동양어학교 한국 서목」, 『국어국문학』 22, 1960. ; Skillend, *Kodaesosol*,
　University of London, 1968. ; 김동욱, 『영인 고소설 판각본 전집』(1)~(5), 연세대학
　교 인문과학연구소, 1973~1975. ; 이상택, 『해외일본(海外佚本) 한국 고소설 총서』,
　태학사, 1998. ; 조희웅, 「재일 한국고전소설의 서지적 연구」, 『어문학논총』 21, 국민
　대, 2002. ; 이진명, 「프랑스 국립도서관 및 동양어대학 도서관 소장 한국학자료의
　현황과 연구 동향」, 『국학연구』 2집, 2004. ; 임성래, 「하버드옌칭 도서관 소장 한국
　고소설 목록」, 『열상고전연구』 19, 2004. ; 국립문화재연구소편, 『해외전적문화재조
　사목록』, 2005~2008. ; 국립중앙도서관, 『국외소재 한국 고문헌 수집 성과와 과제』,
　국립중앙도서관, 2009. ; 노경희, 「미국 소재 정약용 필사본의 소장 현황과 서지적
　특징」, 『다산학』 15, 2009 등이 있고, 서지학에서는 이혜은, 「콜레주 드 프랑스 소장
　한국 고문헌의 특징과 의의」, 『콜레주 드 프랑스 소장 한국 고문헌』, 국립중앙도서관,
　2012 등이 있고, 단행본으로 박대헌, 『서양인이 본 조선; 조선관계 서양서지(상)·
　(하)』, 호산방, 1996 등이 있으며, 역사학에서는 신복룡·정성화 교수의 일련의 저작
　물이나 자료를 집성한 영인본이 있다. 어학에서는 고영근, 「19세기 전반기의 서양인
　의 국어 연구 자료」, 『관악어문연구』 3, 1979. ; 김민수 외, 『외국인의 한글 연구』,
　태학사, 1997. ; 최호철 외, 『외국인의 한국어 연구』, 경진, 2006. ; 황호덕·이상현,
　『개념과 역사, 근대 한국의 이중어사전(1)~(2)』, 박문사, 2012 등이 있다.

·샤를 바라(Charles Louis Varat, 1842~1893) 등에 의하여 중요한 자료
가 수집되었다.[3] 러시아의 경우에는 모스크바 국립대학, 상트페테르
부르크의 국립대학, 동방학연구소, 역사문화보관소, 카자흐스탄 국
립도서관 등에 조선과의 외교나 학문적인 목적으로, 그리고 조선인
들이 중앙아시아로 강제 이주되는 과정에서 흩어진 자료들이 소장
되어 있다. 한편, 일본의 경우에는 지금까지도 확인되지 않은 자료
들이 많아서 새로운 소장처를 발굴하고 이에 대한 지속적인 관심이
필요한 곳이다.

이 글에서 다루려는 러시아 상트페테르부르크 국립대학과 동방학
연구소, 일본 고마자와대학에 소장되어 있는 조선전적에 대한 내용
은 이미 다른 지면을 통해서 발표했거나 알린 바 있다. 이 자리에서
재론하는 이유는 현재까지도 자료의 접근이 쉽지 않아 연구자들의
손길이 미치지 못하고 있기 때문이다.

세 곳의 중요성을 다시 한 번 밝히자면 먼저 소장된 자료의 총량만
보더라도 1,600여 책이 넘는다. 아울러 국내에 없는 유일본이나 자
료적 가치가 높은 것들이 많다. 이러한 이유는 해외로 유출된 자료가
단순히 수집된 것이 아니라 일정한 목표 하에 체계적으로 모인 것들
이기 때문이다. 러시아 상트페테르부르크 국립대학과 동방학연구소
의 경우, 국립대학은 제정(帝政) 러시아 때의 황제대학(皇帝大學)으로,
조선으로 파견할 외교관 양성을 목적으로 19세기 말부터 조선어(朝
鮮語)를 가르쳤고, 교육에 필요한 자료를 구매하는 과정에서 중요한

---

3 모리스 쿠랑이 수집했던 전적에 대한 연구는 이혜은, 앞의 논문, 참조.

자료들을 소장하게 되었다. 그리고 동방학연구소는 조선어와 조선 문학의 특성을 연구할 목적으로 조선과 일본의 관계를 다룬 책을 집 중적으로 구매했고, 또한 애스턴과 묄렌도르프가 소장하고 있었거 나 당시 세책점(貰冊店)에서 구입했던 세책본(貰冊本)을 재구매하여 소장하고 있다. 한편 일본 고마자와대학은 일본의 언어학자 가나자 와 쇼사부로(金澤庄三郎)에 의하여 『훈민정음언해』, 『용비어천가』와 같은 한글 제자원리서에서부터, 역사서, 금석문, 운서, 공구서, 역학 서, 고소설, 조선총독부에서 발행한 관련 보고서에 이르기까지 다양 한 자료가 수집되었다. 이 글에서는 이곳에 있는 전적들이 수집된 경위, 규모와 가치 등을 다루고, 차후 상론(詳論)해야 할 과제들을 논하고자 한다.

2. 러시아 국립대학의 조선전적: 수집과정, 현황, 가치

러시아 국립대학의 조선전적들은 두 가지 경로를 통하여 수집되 었다. 19세기 말부터 이 대학의 전신(前身)인 페테르부르크 황제대 학[4]에서 조선어를 가르치기 시작하면서부터 교육을 위해 수집된 것 들과 1880년에서 1890년대 사이에 조선에서 근무했던 러시아 외교

---

4 대학의 명칭은 시대에 따라 변했다. 현재는 러시아 상트페테르부르크 국립대학이 공식적인 명칭이다. 따라서 책에는 시대에 따라 СПбИУ[상트 페테르부르크 황제대 학], ПИУ[페트로그라드 황제대학], ЛИЖВЯ[에누키드제 레닌그라드 동양어대학] 등 의 인장이 찍혀져 있다.

관들의 기증에 의한 것이다.

외교관 양성을 위해 이 대학에서는 1897년부터 조선어 교육을 실시했다.[5] 교육을 위해서는 무엇보다도 조선어 교과서가 필요했는데, 이때 사용했던 교재 중의 하나가 『춘향전』이다. 교과서로서의 『춘향전』 제작과 교육은 조선에서 러시아로 파견된 김병옥이 맡았다. 이외 조선어 교육용 교재는 『천자문』과 『전운옥편』, 『토생전』과 『삼국지(권3)』 등의 고소설, 『고려사』와 『동국사략』 등의 역사서가 있고, 명성황후 시해사건에 관한 심문 조서인 『개국오백사년팔월사변보고서』처럼 조선어로 된 책을 다시 러시아어로 번역한 것도 있다.

조선에 파견된 외교관을 통해서도 조선전적은 들어왔는데, 당시 조선 공사를 역임했던 베베르, 드미트레프스키, 스이로마트니코프 등이 조선에서 수집한 책들을 이곳에 보냈다.[6] 이들 외교관들이 주로 수집했던 것은 조선의 정치, 역사, 지리, 풍습을 담은 책들이다. 베베르와 드미트레프스키는 『평양지(平壤志)』, 『송경지(松京誌)』와 같은 지지류(地誌類)를 주로 수집했고, 스이로마트니코프는 조선과 일본인이 편찬한 조선의 지도, 역사서인 『조선역사(朝鮮歷史)』 등을 수집했다. 아울러 그는 자신이 중요하다고 생각한 조선전적들을 다시 러시아어로 번역하는 작업을 벌였다. 이러한 과정을 거쳐 수집된 조선전적의 총량은 84종 855책이다.[7] 국립대학에서는 이 전적들을

---

5 Vasilyev F.G, Rachkov G.E., *On the History of Teaching and Researching the Korean Langue at st. Petersburg University*, St Petersburg, 1997.

6 이 중에서 일부는 동방학연구소로 옮겨졌다.

7 트로체비치, 앞의 책.

12개 항목으로 구분하여 소장하고 있는데,[8] 자료적 가치가 높은 것들은 〈표 1〉과 같다.

〈표 1〉 국립대학 소장 주요 한국전적

번호	성격	제명	청구기호	서지사항
1	역사서	고려사	Xyl. 1869	137권 81책(목차포함)
2		고려사	Xyl. 1869a	137권 67책(목차포함)
3		여사제강	Xyl. 1860	23권 13책
4		동국사략	Xyl. 1829	6권 3책
5		동국사략	Xyl. 1857	6권 4책
6		조선역사	Xyl. 1850	1책
7		소화외사	Xyl. 1879	12권 6책
8	공문서 및 조사 보고서	군대내무서목차	Kor. 7	1책
9		개국오백사년팔월사변보고서	Kor. 12	1책
10	민형법서	대전회통	Xyl. F-119	6권 5책
11		전율통보	Xyl. 1875	7권 6책
12		대명률	Xyl. 1862	30권 3책
13		육전조례	Xyl. 1872	10권 10책
14		육전조례	Xyl. 1872a	10권 10책
15	의궤 및 왕실사료	원행을묘정리의궤	Xyl. F132	5권 4책(권1, 缺本)
16		진찬의궤	Xyl. 1865	3권 3책
17		난초	Xyl. 1871	24권 12책
18		난초	Xyl. 1871a	24권 12책

---

8 조선전적은 I. Works of History, II. System of Administration(Civil and Military), III. Legislation, IV. Rituals, V. Collections of Documents, VI. Confucian, Taoist and Christian Teachings in Popular Expositions, VII. Geography. Maps, VIII. Medical Works, IX. Literature (Belles-lettres, Fiction), X. Encyclopaedias, XI. Manuals, XII. Miscellanea, List of Reference Books로 분류되어 보존되고 있다.

번호	성격	제명	청구기호	서지사항
19	지도류	평양지	Xyl. 1877	9권 10책
20		송경지	Xyl. 1880	6권 2책
21		지고	Kor. 1(KIV7)	1책
22		조선지지전	Kor. 4(KIV2)	1책
23		대조선예지전도	Xyl. 1830	1책(10장)
24	의서	편주의학입문내집	Xyl. F-121	7권 19책
25	사전 및 한자 학습서	천자문	Kor. 13(Xyl. 1852)	1책(32장본)
26		천자문	Xyl. 2015	1책
27		천자문	Xyl. 2553	1책(17장본)
28		전운옥편	Kor. 14(Xyl. 1851)	2권 2책
29		유합	Xyl. 2016	1책(22장본)
30	문학류	동문선	Xyl. 1867	54권 151책
31		대동야승	Xyl. 1891	72권 72책
32		설인귀전	Kor. 15(Xyl. 1857)	1책(40장본)
33		토생전	Kor. 16(Xyl. 1853)	1책(16장본)
34		숙영낭자전	Kor. 17(Xyl. 2551)	1책(16장본)
35		삼국지	Kor. 18(Xyl. 1854)	1책(권3, 20장본)
36		몽옥쌍봉연	Kor. 19(Xyl. 1879)	4권 4책(缺本)
37	역학서 및 언해본	중간노걸대	Xyl. 1885	1책
38		중간노걸대	Xyl. 1886	1책
39		박통사신석언해	Xyl. 1883	3권 3책
40		맹자언해	Kor. 6	14권 7책

이 중에서도 다시 주목할 것은 『개국오백사년팔월사변보고서』, 『천자문(千字文)』, 『전운옥편(全韻玉篇)』, 『유합(類合)』, 『춘향전』, 『토생전』, 『삼국지(권3)』, 『설인귀전』, 『숙영낭자전』, 『몽옥쌍봉연』 등

이다.『개국오백사년팔월사변보고서』는 명성황후 시해사건에 관한
심문 조서로 1895년 고등재판소에서 활판본으로 간행한 것이다. 그
런데 러시아에서는 이 책을 가져다가 러시아어로 번역해서 교재로
사용했다. 그리고『천자문』,『전운옥편』,『유합』등은 우리나라의
대표적인 한자(漢字) 학습서이고,『춘향전』,『토생전』,『삼국지(권3)』,
『설인귀전』,『숙영낭자전』,『몽옥쌍봉연』등은 대표적인 고소설이
라고 할 수 있다. 러시아에서는 조선어를 배우기 위해 고소설을 교
육용 교재로 사용했던 예를 확인할 수 있다.[9] 특히『춘향전』은 조선
인 교사 김병옥이 자신이 알고 있던 소설의 내용을 각색해서 만든
것이다.

　이상과 같이 국립대학에 수집된 전적을 보면 조선어 교육이나 외
교관 양성과 밀접한 관계가 있다. 이곳이 러시아 최초의 조선어 교
육 기관이었고 그 목적이 유능한 외교관을 길러내기 위함이었다는
점을 생각해본다면 이러한 경향은 당연한 것이다. 앞으로 이렇게
배웠던 조선어 교육의 성과는 무엇이었는지, 조선어 교육을 위하여
활용했던 고소설은 어떤 특성을 지니고 있는지에 대한 연구가 필요
하다.

9　조선어를 배우고 위하여 고소설을 필사한 문제는 허경진,「고소설 필사자 하시모토
　쇼요시의 행적」,『동방학지』112, 연세대 국학연구원, 2001. ; 정병설,「18·19세기
　일본인의 조선소설 공부와 조선관 : 〈최충전〉과 〈임경업전〉을 중심으로」,『한국문
　화』35, 규장각한국학연구소, 2005 등에서 확인된다.

3. 러시아 동방학연구소의 조선전적: 수집과정, 현황, 가치

동방학연구소에 소장된 전적은 총 264종이다.[10] 이곳의 전적은 국
립대학에 소장된 것들과 중복된 것도 있다. 동방학연구소에 소장된
조선전적의 가장 큰 특징은 조선과 일본과의 관계를 다룬 책이 많고,
애스턴과 묄렌도르프가 수집한 고소설을 소장하고 있다는 점이다.
이를 표로 정리하면 다음과 같다.

〈표 2〉 동방학연구소 소장 주요 한국전적

번호	성격	제명	청구기호	서지사항
1	역사서 및 야사	삼국사기	D1	영인본(影印本)
2		삼국유사	A4	영인본(影印本)
3		동국통감	D28	56책
4		조야기문	C62	5책
5		헌종기사	B28	3책
6		해동사	D4	1책
7		조선사략	C22	2책
8		동사회강	D4	10책
9	지지류와 읍지	평양지	D31	2책
10		평양속지	D32	4책
11		동래읍지	D78	1책
12	왕실사료	선원세계	D41	1책
13		선원계보기략	D42	7책
14		선원계보기략	D43	1책
15		진찬의궤총목	D67	3책

---

10 조사단이 보고한 결과는 176종 972책이다. 264종은 일본에서 간행된 조선관계 서적
    을 포함한 것이다.

번호	성격	제명	청구기호	서지사항
16	역학서 및 언해본	상례초언해종	A1	1책
17		화어유초	C7	1책
18		역가필비	C56	2책
19	임진왜란 관련 자료	이충무공전서	D47	8책
20		서애집	D53	10책
21		징비록	C65	4책
22	일본에서 간행된 조선 관련서적	교린수지	C31	1책
23		표민대화	C67	1책
24		고려진일기	B12	4책
25		정한위략	B11	5책
26		회본조선군기	B10	10책
27		회본조선정벌기	B13	20책
28		조선물어	B14	1책
29	필담집	왜한창수집	C27	1책
30		계림창화속집	C29	10책
31		상한훈지집	C24	10책
32		선린풍아	C28	2책
33		선린풍아 후편	C30	2책
34		선사필담	C25	1책
35		왜한의담	C26	1책
36	설화집 및 고소설 (필사본)	Corean Tales	C13	1책(洋裝)
37		동유기	C4	4권 4책(落帙)
38		보은기우록	C17	18권 18책
39		설원	B34	1책
40		수사유문	C15	12권 12책
41		최충전	B3	1책(일본에서 간행)
42		하진양문록	D14	25권 25책
43		화정선행록	C36	15권 15책
44		현씨양웅쌍린기	D16	6권 6책
45		쌍천기봉	C2	22권 22책
46		(표지 및 제목 미상)	미분류	4책

번호	성격	제명	청구기호	서지사항
47		숙영낭자전	B2-Ⅰ1	1권 1책(28장본)
48		소대성전	B2-Ⅰ2	1권 1책(36장본)
49		조웅전	B2-Ⅰ3	1권 1책(31장본)
50		심청전	B2-Ⅰ4	1권 1책(26장본)
51		금방울전	B2-Ⅰ4	1권 1책(28장본)
52		임장군전	B2-Ⅱ1	1권 1책(27장본)
53		적성의전	B2-Ⅱ2	1권 1책(31장본)
54		장풍운전	B2-Ⅱ3	1권 1책(31장본)
55		구운몽	B3-Ⅲ3	1권 1책(32장본)
56		진대방전	B3-Ⅲ4	1권 1책(28장본)
57		용문전	B3-Ⅲ5	1권 1책(25장본)
58		양풍전	B3-Ⅳ1	1권 1책(25장본)
59		백학선전	B3-Ⅳ2	1권 1책(24장본)
60		숙향전	B3-Ⅳ4	2권 2책(33, 30장본)
61	고소설	임진록	B3-Ⅴ1	3권 3책(각 28장본)
62	(방각본)	설인귀전	B3-Ⅴ2	1권 1책(30장본)
63		장화홍련전	B3-Ⅴ3	1권 1책(28장본)
64		흥부전	B3-Ⅵ1	1권 1책(25장본)
65		춘향전	B3-Ⅵ2	1권 1책(30장본)
66		당태종전	B3-Ⅵ3	1권 1책(26장본)
67		옥주호연	B3-Ⅵ4	1권 1책(29장본)
68		신미록	B3-Ⅶ1	1권 1책(32장본)
69		삼설기	B3-Ⅶ2	권2(26장본)
70		삼설기	B3-Ⅶ3	권3(26장본)
71		소대성전	D82	1권 1책(24장본)
72		진대방전	D83	1권 1책(18장본)
73		장경전	D84	1권 1책(35장본)
74		심청전	D85	1권 1책(24장본)
75		삼설기	D86	권2(26장본)
76		홍길동전	D87	1권 1책(24장본)

번호	성격	제명	청구기호	서지사항
77	고소설 (방각본)	조웅전	D88	1권 1책(20장본)
78		흥부전	D89	1권 1책(25장본)
79		양풍전	D90	1권 1책(24장본)
80		적성의전	D91	1권 1책(23장본)

동방학연구소에 소장된 조선전적은 〈표 2〉에서 볼 수 있는 것처럼 조선과 일본의 관계를 다룬 책들이 많다. 『이충무공전서(李忠武公全書)』, 『서애집(西厓集)』, 『징비록』[11], 『임진록』 등의 임진왜란 관련 자료, 『동래읍지(東萊邑誌)』와 같은 왜관(倭館)에 관련된 책, 『교린수지(交隣須知)』와 『표민대화(漂民對話)』와 같은 일본에서 배우던 조선어 회화책, 일본에서 출판되었던 『고려진일기』, 『정한위략』, 『회본조선군기』, 『회본조선정벌기』, 『조선물어』, 『최충전』, 조선통신사를 따라 일본을 방문했던 조선의 문사들이 일본 지식인들과 주고받은 필담집(筆談集)인 『왜한의담』, 『왜한창수집』, 『계림창화속집』, 『상한훈지집』, 『선린풍아』, 『선린풍아 후편』, 『선사필담』 등이 있다. 이 책들은 당시 러시아 외교관들이 조선을 어떻게 접근할 것인가 연구하기 위해, 가장 오랫동안 조선을 접촉해온 일본의 방식을 알아보려고 이 책들을 구입했던 것으로 보인다.

그리고 이곳에 있는 중요한 자료는 애스턴과 묄렌도르프가 수집했던 고소설이다. 〈표 2〉에서 제시한 47번부터 70번까지가 애스턴이 수집했던 것이고, 이후 71번에서 80번까지가 묄렌도르프의 것이

---

11 이 책은 일본에서 간행된 것이다. 따라서 국외한국전적 1-1에서는 이 책을 제외했다.

다. 애스턴 소장본의 특징은 방각본 소설과 같이 단권(單卷)인 경우
에는 여러 권을 한데 묶어서 양장제본(洋裝製本)을 따로 해놓았다. 장
편소설일 경우에는 분량이 많아서인지 '英國 阿須頓 藏書'라는 인장
(印章)만 찍어놓았다. 각 책에는 소장하게 된 경위, 작품에 대한 짤막
한 소감 등을 남겨두었다.

고소설(설화집 포함) 중에서 가치가 높은 것은 『Corean Tales』와 『설
원』, 경판 방각본 소설 『조웅전』, 『임진록』, 『수호전』, 여러 종의 세
책(貰冊) 필사본이다. 『Corean Tales』와 『설원』은 그의 조선어 교사
김재국이 애스턴을 위해 본인이 직접 필사해 준 설화집이다. 이 이야
기는 당시 유행하던 이야기를 필사한 것이다.[12] 이 책은 작품 자체로
도 중요하지만 정동(貞洞) 주변의 생활상, 외교관들에게 협력했던 조
선어 교사들의 행적, 그리고 설화집이 만들어진 과정과 원천 등을
밝히는데 대단히 중요하다.

『조웅전』은 전체 31장본으로 이전까지 소개되지 않은 자료이다.
30장본의 생성 과정과 축약 양상, 경판 『조웅전』의 간행 양상을 새
로운 시각에서 설명해 줄 수 있다는 점에서 의미가 있다. 『임진록』은
상중하 3권3책, 각각 28장본으로 되어 있다. 하권은 권수제가 '임진
녹 권지삼종'이며 전체 28장으로 현재까지 소개된 바가 없는 본이
다. 이 판본 또한 경판본 『임진록』의 간행 양상을 새로 규명해볼 수
있다는 점에서 중요하다. 그리고 『수호전』의 경우에는 각 작품에서

---

12 트로체비치를 비롯한 러시아 연구자들은 이 책을 김재국이 창작한 것으로 보고 있지
    만 재론이 필요하다.

처음 간행된 방각본이다. 〈2권2책〉으로 처음 만들어진 방각본 소설이 어떻게 분권(分卷)되고 변모되었는지를 살필 수 있는 중요한 것이다.[13] 『동유기』, 『보은기우록』, 『현씨양웅쌍린기』, 『쌍천기봉』 등은 모두 세책본으로, 묘동(廟洞) 세책점에서 구매한 것이다. 묘동 세책점의 존재, 다른 세책본과의 관계, 세책본에 남아있는 낙서를 통하여 세책점의 실상을 확인시켜주는 중요한 자료이다.[14]

4. 일본 고마자와대학의 조선전적: 수집과정, 현황, 가치

일본 고마자와대학 다쿠소쿠[濯足] 문고의 총량은 2,150책이다.[15] 여기에는 조선전적뿐만 아니라 일본서(日本書), 서양서(西洋書) 등이 포함되어 있다.[16] 이 책들은 일본의 대표적인 언어학자였던 가나자와 쇼사부로(金澤庄三郞, 1872~1967)가 수집했던 것으로, 1898년에서 1900년까지 2년간 조선으로 건너와 조선어를 공부하면서 수집했던 것들과 이후에 지속적으로 수집했던 것이다.[17]

---

13 참고로 『숙향전』 2권 2책본은 서강대 로욜라도서관에, 『수호지』 2권 2책본은 프랑스 파리 동양어대학, 일본 도쿄대학 등에 소장되어 있다. 이 본은 러시아본과 모두 동일한 판본이다.

14 동방학연구소에 소장된 자료는 앞으로 추가 작업을 통하여 자료가 새로 발굴될 가능성이 높다.

15 駒澤大學圖書館編, 『濯足文庫目錄』, 駒澤大學圖書館, 1987, 1쪽.

16 고마자와대학 도서관에서는 이 책들을 십진분류법(十進分類法)에 의거하여, 화한서 (和漢書), 양서(洋書), 축차간행물(逐次刊行物, 영인본 포함)로 분류하고, 다시 책의 제목만을 보고 세분화하여 나누었다.

이곳의 자료는 체계적인 정리가 필요하다. 현재 대학에서 분류해 놓은 것을 보면 『포은선생집(圃隱先生集)』과 『충렬협의전』처럼 책의 제목만 보고 총기(叢記)나 전기(傳記)로 잘못 분류한 것이 많다. 그리고 조선역사서를 일본역사서로 포함해 놓았거나 중국서적(中國書籍)으로 분류한 경우도 있고, 영인본(影印本)을 진본(珍本)으로 오인(誤認)한 것도 있다.[18] 이 중에서 연구자가 파악한 조선전적은 152종 624책이다.

〈표 3〉 일본 고마자와대학 소장 주요 한국전적[19]

번호	도서관 분류	제명	청구기호	체재
1	叢記	西序書目藏錄	濯足11	1책
2		攷事新書	濯足23	15권 7책
3		芝峯類說	濯足27	4책(落帙)
4		芝峯類說	濯足27	6책(落帙)
5		字類註釋	濯足21	1책
6		無古今室東事原	濯足24	1책
7		圃隱先生集	濯足30	3책(落帙)
8		頤齋遺稿	濯足35	1책
9		朝野零言	濯足34	3책
10		旬五志	濯足36	1책
11		謏聞瑣錄	濯足43	2책

---

17 駒澤大學圖書館編, 『濯足文庫目錄』, 駒澤大學圖書館, 1987, 1쪽.

18 [1]이나 叢記와 같은 대항목과 소항목은 고마자와대학에서 분류한 것을 그대로 따랐다. 자세한 내용은 〈부록〉에서 다룬다. 아울러 영인본, 조선총독부에서 간행한 자료 등은 제외했다.

19 제목에 기재된 한자는 모두 고마자와대학에서 기재한 것이다. 한글 병기 없이 한자 제목 그대로 쓴다.

번호	도서관 분류	제명	청구기호	체재
12	佛教學	眞如世界	濯足60	1책
13		釋譜詳節	濯足73	1책
14		無量光陀羅尼句義釋	濯足82	1책
15		雜譬喩經	濯足108	1책
16		金剛經	濯足105	1책
17		金剛經五家解	濯足106	1책
18		佛說大報父母恩重經(外)	濯足101	1책
19		佛說大報父母恩重經	濯足107	1책
20		大悲心陀羅尼	濯足109	1책
21		佛說千手天眼觀音菩薩廣大圓滿無碍大悲心陀羅尼經	濯足110	1책
22		眞言集	濯足112	1책
23		眞言集	濯足113	1책
24		諸眞言集	濯足114	1책
25	佛教各宗	妙法蓮華經	濯足122	3책
26		法華經	濯足117	1책
27	宗教哲學教育	禮記集說大全	濯足166	12책
28		孟子諺解	濯足161	7책
29		諭中外大小民人等斥邪綸音	濯足181	1책
30	文學語學	學書要覽	濯足190	1책
31		張風雲傳	濯足218	1책
32		趙雄傳	濯足219	1책
33		白鶴仙傳	濯足220	1책
34		簡禮彙纂	濯足221	1책
35		孤山遺稿	濯足223	1책
36		興甫傳	濯足224	1책
37		南薰太平歌	濯足225	2책
38		南薰太平歌	濯足226	1책
39		龍飛御天歌	濯足227	10책
40		春香傳	濯足230	1책

번호	도서관 분류	제명	청구기호	체재
41	文學 語學	草簡牘	濯足231	1책
42		蘇大成傳	濯足232	1책
43	中國文學 歐美文學	錦溪集	濯足250	2책
44		記言	濯足236	22책
45		中華正音	濯足239	1책
46		梅月堂詩四遊錄	濯足234	1책
47		梅花詩	濯足235	1책
48		桂苑筆耕集	濯足249	4책
49		熱河紀行詩註	濯足252	1책
50		唐音精選	濯足259	1책
51		分類杜工部詩諺解	濯足260	14책
52		御定詩韻	濯足244	1책
53		破閑集	濯足245	1책
54		海東樂府	濯足247	1책
55		歌曲源流	濯足248	1책
56		東國樂府	濯足258	1책
57	朝鮮語	同文類解	濯足344	2책
58		五音類聚四聲篇	濯足345	5책
58		諺文梵文和解	濯足356	1책
60		隣語大方	濯足361	4책
61		類合	濯足363	1책
62		類合	濯足364	1책
63		世宗御製訓民正音	濯足366	1책
64		捷解新語	濯足369	2책
65		捷解新語	濯足370	2책
66		倭語類解	濯足373	2책
67	中國語	朴通事新譯·朴通事新譯諺解(合綴)	濯足385	4책
68		啓蒙篇諺解	濯足425	1책
69		啓蒙篇諺解	濯足425A	1책
70		雅言覺非	濯足399	1책

번호	도서관 분류	제명	청구기호	체재
71	中國語	華語類抄	濯足417	1책
72		訓蒙字會	濯足430	1책
73		訓蒙字彙	濯足432	1책
74		文字類輯	濯足437	1책
75		譯語類解	濯足468	3책
76		大東韻府群玉	濯足395	20책
77		大東金石	濯足396	1책
78		五音集韻	濯足400	5책
79		華音啓蒙	濯足422	1책
80		華東叶音通釋	濯足423	1책
81		華東叶音通釋韻考	濯足424	2책
82		三韻聲彙	濯足452	3책
83		三韻聲彙	濯足453	1책
84		四聲通解	濯足463	1책
85		重刊老乞大諺解	濯足446	2책
86		覽覺	濯足444	1책
87	其他外國語	女眞譯語	濯足477	1책
88		女眞譯語	濯足478	1책
89		女眞譯語	濯足478A	1책
90		蒙兀兒譯語	濯足487	1책
91		蒙語類解	濯足488	3책
92		三譯總解	濯足490	10책
93		淸語老乞大新譯	濯足491	8책
94		捷解蒙語	濯足492	4책
95		小兒論	濯足493-1	1책
96		八歲兒	濯足493-2	1책
97		畏兀兒譯語	濯足494	1책
98	歷史 地誌	朝野記聞	濯足521	7책
99		中京誌	濯足522	6책
100		我我錄	濯足524	2책

번호	도서관 분류	제명	청구기호	체재
101		御定洪翼靖公奏藁	濯足526	18책
102		高麗史	濯足533	70책
103		文興君 控于錄	濯足536	1책
104		練藜室記述	濯足538	21책
105		練藜室記述別集	濯足539	20책
106	歷史 地誌	立朝始末錄	濯足544	15책
107		龍蛇日記	濯足545	1책
108		三國史記	濯足547	8책
109		莊陵誌	濯足550	2책
110		東國歷代總目	濯足553	1책
111		東國史略	濯足554	1책
112		通文館志	濯足555	5책
113		貞觀政要	濯足571	6책
114		奉天辭命	濯足947	1책
115		忠烈俠義傳	濯足614	20책
116		海東名臣錄	濯足624	9책
117		海東名將傳	濯足625	3책
118		箕子志	濯足628	3책
119	東洋史 西洋史	二倫行實圖	濯足632	1책
120		三綱行實圖	濯足636	3책
121		三綱行實圖	濯足636A	3책
122		東國文獻錄	濯足642	2책
123		五倫行實圖	濯足619	4책
124		璿源系譜記略	濯足637	1책
125		白沙先生北遷日錄	濯足622	1책
126		忠剛公李先生實記	濯足633	1책
127		蜻蛉國志	濯足710	2책
128	日本地誌 (含朝鮮)	耽羅志	濯足715	1책
129		筠心閣叢書	濯足696	1책
130		平壤志	濯足699	4책

번호	도서관 분류	제명	청구기호	체재
131	日本地誌 (含朝鮮)	金剛山記	濯足703	1책
132		成川志	濯足711	2책
133		陟州東海碑	濯足713	1책
134		新增東國輿地勝覽	濯足716	25책
135		東京雜記	濯足718	1책
136	外國地誌	燕行日記	濯足726	2책
137	社會科學	兒戲原覽	濯足769	1책
138		大典通編	濯足765	5책
139		儒胥必知	濯足772	1책
140		國朝彙言	濯足773	10책
141		宮園儀	濯足774	2책
142		東國文獻備考	濯足778	40책
143		大明律	濯足763	5책
144		大明律	濯足764	5책
145		典律通補	濯足777	1책
146		深衣攷	濯足793	1책
147		禮辯彙節	濯足791	3책
148		閨閤叢書	濯足801	2책
149	自然科學	皇極一元圖	濯足804	2책
150	軍事學 工學 産業 藝術	北關重建歌	濯足819	1책
151		山林經濟	濯足836	11책
152		千字文	濯足845	1책

〈표 3〉에서 볼 수 있듯이, 가나자와가 수집했던 조선전적은 『훈민
정음언해』, 『용비어천가』, 『월인석보』와 같은 한글 제자원리서에서
부터, 역사서, 금석문, 운서, 공구서, 역학서, 고소설 등으로 다양하
다. 〈표 3〉에는 다루지 않았지만 조선총독부에서 발행한 관련 보고
서, 조선광문회와 경성제국대학 법문학부에서 펴낸 영인본(影印本),

1910년대 외국인 선교사들이 펴낸 한글 문법서와 성경 번역본, 심지어 1950~1960년대 한국에서 간행한 서적도 있다.

가나자와가 어떠한 목적에서 책을 수집했는지는 그의 소장본을 보면 쉽게 알 수 있다. 예를 들어, 경판 방각본 소설을 보면 거의 예외 없이 행간마다 그가 그대로 따라서 쓴 것이 보인다. 심지어 오각(誤刻)된 곳에는 원래 어떤 글자가 들어가는지를 적어놓기도 하였다. 그리고 『백학선전』의 경우에는 방각본 소설을 보고 그대로 필사(筆寫)해서 한 권의 책으로 만들었다.[20] 그는 언어학자답게 조선어를 공부하기 위해서 방대한 자료를 수집했던 것으로 여겨진다.

가나자와가 수집했던 것들 중에서, 고소설로 한정하여 의미가 있는 것을 본다면 경판 방각본 소설인 『소대성전』〈30장본〉과 『조웅전』〈27장본〉, 필사본 소설 『충렬협의전』 10권 20책이다.

『소대성전』〈30장본〉은 권수제 밑에 '효교신간'이라는 간기(刊記)를 지닌 본으로, 경판본 『소대성전』의 간행 양상을 재구해볼 수 있다는 점에서 중요하다. 그간 모호했던 부분은 〈36장본〉과 〈23장본〉과의 관계였다. 〈23장본〉은 〈30장본〉을 축약하여 만든 것으로 추정했으나 두 본을 대조해보면 〈30장본〉에는 없는 내용이 〈23장본〉에 등장한다. 따라서 〈23장본〉의 모본은 〈30장본〉이 아니라 다른 본이었음을 알려준다. 그리고 〈30장본〉을 보면 현재 선본(先本)으로 알려진 〈36장본〉과 대조해 볼 때, 새로운 내용이 있어서 〈36장본〉 보다 더

---

20 『백학선전』(청구기호 濯足 928)은 그가 필사해서 따로 만든 것이다. 가나자와가 조선전적을 보고, 직접 자필로 써서 만든 책은 12종에 이른다.

많은 분량을 지닌 판본이 존재했거나 다른 장수를 지닌 본이 존재했을 가능성을 알려준다.[21] 〈30장본〉을 토대로 경판본『소대성전』의 간행 양상을 재구해보면 먼저 〈36장본〉 이상의 장수를 지닌 초간본이 만들어졌을 것이다. 다음에 이것을 축약한 〈36장본〉이 생겼을 것이다. 이후 〈30장본〉이 만들어졌다. 이때 〈30장본〉은 번각본을 포함하여 적어도 2종 이상이 간행되었다. 이로 인하여 〈30장본〉을 처음 만들었던 방각본 업자는 손실을 만회하기 위하여 자신이 간행했던 것을 토대로 〈24장본〉을 만들었고, 또 다른 업자는 이미 폐기 처분한 〈36장본〉 이상의 장수를 지닌 초간본을 가져다가 〈23장본〉을 만들었을 것이다.[22]

『조웅전』〈27장본〉은 결론부터 말하자면 서로 다른 판목으로 이루어진 교합본(交合本)이다. 제17장~제18장, 제25장~제26장은 〈30장본〉의 판목으로 간행했고, 제1장~제16장, 제19장~제24장, 제27장은 〈37장본〉[23]의 판목을 사용했다. 이로 인하여 〈27장본〉은 원래 있어야 할 중요한 내용이 빠졌고 동일한 내용이 두 번 반복되었다. 번왕이 조웅을 없애기 위하여 궁녀를 보내는 장면, 조웅이 함곡에서 적당과 싸우는 장면, 조웅이 태자를 모시고 환국(還國)하는 장면은 서사전개에서 대단히 중요한 내용인데 〈27장본〉에는 이 내용이 빠

---

21 『설인귀전』, 『숙향전』의 초간본(初刊本)을 보면 40장으로 되어 있다. 이러한 점을 고려해본다면 대략 40여 장이었을 가능성이 높다.

22 〈20장본〉, 〈16장본〉의 관계는 이창헌의 논의를 따른다. 이창헌, 앞의 책, 139쪽 참조.

23 〈37장본〉이었다는 사실은 마지막 〈27장〉에서 확인할 수 있다. 원래 '十十十七'이었으나 가운데 '十'을 '一'로 만들어 '十十七'로 만들었다.

져있다. 이처럼 경판본『조웅전』〈27장본〉은 두 종의 판목을 짜깁기
하여 만든 것인데, 문제는 이처럼 졸렬한 방각본이 어떻게 유통될
수 있었는가 하는 점이다. 방각업자(생산자)의 특별한 노력없이 조악
하게 만들어도『조웅전』의 인기가 높았었는지, 아니면 장수가 적은
새로운 본이 출시되자 경쟁력을 잃게 된 이전의 방각업자가 손실을
만회하기 위하여 가지고 있던 판목을 조합하여 만들었는지 분명하
지 않다.

그러나『조웅전』〈27장본〉을 통해서 확인되는 사실은〈37장본〉이
존재했다는 점이다. 앞서〈표 1〉로 동방학연구소에〈31장본〉을 소개
한 바 있는데,〈37장본〉과〈30장본〉사이에도 또 다른 판본이 존재
했음을 보여주는 것이다.[24] 현재 알려진 경판본『조웅전』간행 양상
보다 더 복잡한 양상이 있었음을 보여주는 자료가〈27장본〉이다.

마지막으로 살펴볼 것이 필사본『충렬협의전』이다. 이 소설은 중
국소설『충렬협의전(忠烈俠義傳)』을 번역한 것으로, 가나자와본은 장
서각본(40권 40책)만이 아니라 적어도 두 종 이상의 번역본이 존재했
고 유통되었음을 보여준다. 중요한 점은 두 본의 관계와 선후 문제이
다. 가나자와본을 보면 누군가가 필사한 내용을 지웠거나 보충해 넣
은 흔적을 볼 수 있다. 아울러 필사가 잘못된 부분, 조사가 잘못된
부분은 모두 수정해 놓았다. 그런데 이 부분을 장서각본과 비교해보
면 가나자와본의 수정 사항을 그대로 반영해놓았다. 재미난 점은 두

---

24 실본을 확인하지 못했지만 1866년에 '香洞開版'이라는 간기를 지닌『조웅전』이 일본
　　에 있다.

본의 필체가 동일하다는 점이다. 이것은 동일인이 시간적인 간격을 두고 『충렬협의전』을 필사했을 가능성을 보여준다. 문제는 이처럼 수정한 흔적을 어떻게 볼 것인가 하는 점이다. 개인이 소장한 책이라면 이렇게 수정할 필요가 없다. 이것은 전문필사자나 세책본업자가 필사본을 만들 때 사용했던 저본이었을 가능성이 높다. 낙선재에 소장된 장편 가문소설이나 중국 번역소설은 고종(高宗) 때 이종태가 번역했다고 했지만 이외 사실은 확인되지 않는다. 가나자와 소장 『충렬협의전』은 장서각본과 긴밀한 관계를 맺고 있는 본으로, 이 본을 필사했거나 소장했던 사람은 번역고소설을 전문적으로 필사했던 사람이었을 가능성이 높다.

고마자와대학에 있는 가나자와 소장본은 소장되어 있는 조선어를 체계적으로 이해하는 과정에서 수집했던 것들로, 그가 조선어를 어떻게 배웠고 활용했는지를 파악해볼 수 있는 대단히 중요한 자료이다. 그리고 『소대성전』, 『조웅전』, 『충렬협의전』 등을 통하여 경판 방각본 소설의 간행 양상과 특징, 중국소설을 번역하는 과정에서 만들어진 초고본의 형태, 수정의 과정, 전문 필사자의 존재를 확인해볼 수 있다.

5. 마무리와 과제

이상과 같이 러시아 상트페테르부르크 국립대학과 동방학연구소과 일본 고마자와대학에 소장되어 있는 조선전적을 살펴보았다.

이 자료들을 토대로 남은 문제들을 제시하면서 글을 마무리하고자
한다.

먼저, 외국인들이 자료를 수집하는 과정에서, 소장처를 안내하거
나 통역하는 역할을 담당했던 조선인 교사나 통역관들에 대한 연구
가 요청된다. 이들의 존재는 19세기 후반(1889~1904) 외국인들에 의
해 경쟁적으로 출간된 조선 관련 서적 등에서 확인된다. 대표적인
예는 다음과 같은 것들이다.

[1] (…전략…) 호텔로 돌아왔을 때, <u>우리의 가이드이자 통역가</u> 그
리고 친구가 될 사람을 만나게 되었다. 그는 이후 우리와 함께 하면
서 우리를 낯설고 소원하게 만들었던 언어의 장벽을 극복하는 데 도
움을 주었다. <u>박기호 씨</u>는 내가 이제까지 고용했고 또 앞으로 고용할
사람 중에서 가장 멋진 안내인임에 틀림없었다. (…중략…) 그는 왕
의 법률 고문이었던 고(故) 그레이트 하우스의 주요 통역관이었기
때문에 영어 실력이 뛰어나, 알기 쉽게 말을 전해 주었다. (…중략…)
<u>우리는 드디어 박씨와 함께 서울 구경을 나섰다.</u>[25]

[2] (…전략…) 그가 내 어리석음에 미소를 띠면서 대답했다. 그런
말이 아니고, 우선 길 <u>안내원 겸 통역</u>을 구하라는 것이지요. <u>제가
선교 학당의 학생 하나</u>를 알선해줄 수 있습니다. (…중략…) 이렇게
해서 나는 <u>윤산갈</u>을 소개받았고, 곧이어 그를 내 통역으로 고용했다.
그는 아주 젊은 사람으로 개방적이고 인상이 좋았다. 영어에 상당히

---

25 버튼 홈스 지음, 이진석 옮김, 『1901년 서울을 걷다』, 푸른길, 2012, 60~62쪽.

능통했고 내게 조금이라도 도움이 되고자 하는 그 헌신적인 노력은 끝이 없었다. (…중략…) 서울의 거리는 단조로운 편이고 상점은 도시의 몇 구역에만 따로 위치해 있다. (…중략…) 이 직업적인 이야기꾼들을 코레아의 말로 광대라 하는데 사람들에게 인기가 좋다. 이들은 코레아의 문학을 섭렵하고 있으며, 심지어 중국 고전이나 국내에서 발간되는 현대 문학까지도 통독하고 있다. (…중략…) 코레아는 풍부한 소설 작품을 가지고 있으나 아직 신기원을 여는 소설가는 배출하지 못하였다. 1천여 작품을 상회하는 대중소설은 인기가 높다. 특히 그 내용 면에서 도덕적으로 문제가 있는 작품은 더욱 인기가 좋다.[26]

예문을 통해서 외국인들이 조선에 입국하면 곧바로 통역관(가이드)이나 조선어 교사를 소개받았음을 알 수 있다. 외국인들은 이들과 함께 서울의 명소, 상점 등을 방문했고, 관심사에 따라 필요한 장소를 안내받기도 하였다. 아손 크렙스트의 경우에는 [2]에서 볼 수 있듯이 윤산갈을 통하여 전기수(傳奇叟)나 판소리 광대로 추정되는 사람을 찾기도 하였다.

통역관(가이드)이나 조선어 교사를 담당했던 사람들 중에는 문학에 대한 상당한 소양이나 안목을 지녔던 사람들이 많았던 것으로 보인다. 쿠랑, 가린-미하일로프스키, 애스턴을 보자면 쿠랑은 그의 통역관이었던 이인영[27], 가린은 함경도 경흥지방 출신의 통역관이었던

---

26 아손 그렙스트 지음, 김상열 옮김, 『스웨덴기자 아손, 100년 전 한국을 걷다: 을사조약 전야 대한제국 여행기』, 책과 함께, 2004, 95~96쪽.

27 그의 자료는 이혜은이 최근 정리했다. 기메박물관(Musee national d'arts asiatiques Guimet), 프랑스국립도서관(BNF, Bibliotheque Nationale de France), 동양어대학

P.N.김,[28] 애스턴의 경우에는 그의 조선어 교사였던 김재국을 통해서[29] 조선의 중요한 전적과 설화 등을 수집해갔다. 한편, 조선어 사전 편찬에서도 이들의 존재를 발견할 수 있는데 헐버트나 게일 등이 밝힌 송순용, 정동명, 양시영, 이창직, 이득수, 이겸래, 양의종, 조종갑, 신면휴 등이다.[30]

외국인들이 그들의 자국어로 번역했던 조선문학은 출처가 분명치 않거나 당시 유통되었던 본들과 현격한 차이를 보이고 있어서 연구 대상에서 제외되어 있다. 이러한 번역물들이 산출될 수 있었던 것은 바로 위에서 열거한 이들의 도움이 있었기에 가능했다. 애스턴이 자국어로 소개했던 조선의 설화와 고소설은 대부분 그의 조선어 교사였던 김재국이 필사해서 소개한 것들을 토대로 만들어졌으리라 생각된다. 이 부분에 대한 정확한 실상을 파악하는 것이 앞으로의 중요한 과제 중의 하나이다.

다음으로, 외국인들이 조선전적을 수집했던 창구가 세책점이었고 그들이 구매했던 책의 대부분이 세책본이라는 점에 주목해야 할 것이다. 쿠랑은 『한국서지』를 통해서 자신이 확인하고 구매했던 자료

도서관 (Bibliotheque interuniversitaire des langues orientales)에 소장되어 있다.

28 N.G.가린-미하일로프스키 저, 안상훈 역, 『조선설화』, 한국학술정보, 2006, 260쪽.

29 Corean Tales by KimCheKuk(my Corean teacher) a christian, which will account for the Reinecke Fuchs-story-no doubt introduced by the French missionaries. W. Aston.", "Told not current literary popular style of narrative, but in ordinary colloquial.

30 황호덕·이상현, 『개념과 역사, 근대 한국의 이중어사전: 외국인들의 사전 편찬 사업으로 본 한국어의 근대』, 박문사, 2012.

의 상당수가 당시 세책점에서 나왔다는 사실을 밝혔다.[31] 그리고 일본 도요문고, 도쿄대학 인문과학연구소, 러시아 동방학연구소에 소장되어 있는 조선전적들 중에서 방각본과 필사본은 대부분 당시 세책점을 통해서 구매한 것들이었다. 따라서 세책점의 운영 방식이나 영업 형태, 세책본의 성격과 특성 등은 해외 소장된 자료를 통해서 보다 분명히 알 수 있을 것이다.

마지막으로 외국인에 의하여 자국어로 번역된 우리 고전을 어떻게 인식하고 연구할 것인가 하는 점이다. 외국인에 의한 자국어의 번역은 1889년 미국에서 알렌이 번역한 『Korean Tales』, 1892년 프랑스에서 로니와 홍종우에 의해 번역된 『Le printemps parfume』, 1893년 독일인 아르노스의 『KOREA: Marchen und Legenden』, 1922년 게일에 의한 『The Cloud Dream of Nine』 등이 있다. 그리고 러시아의 경우에는 국문소설 44편, 한문소설 11편, 총 55편이 번역되었다. 이중에서 『춘향전』 8회, 『홍길동전』 6회, 『금오신화』, 『서옥기』, 『옥루몽』, 『구운몽』, 『임장군전』, 『적성의전』, 『쌍천기봉』, 『최충전』 등이 러시아어로 번역되었다.[32] 한편, 일본 고마자와대학에서 볼 수 있는 가나자와가 만든 우리 고소설을 재필사한 본, 일본인에 의하여 간행된 『조선』 문예란에서 볼 수 있는 『남훈태평가』, 『백학

31 모리스 쿠랑 원저·이희재 번역, 『한국서지』, 일조각, 1994. ; 모리스 쿠랑 지음, 파스칼 그러트, 조은미 옮김, 『프랑스 문헌학자 모리스 쿠랑이 본 한국의 역사와 문화』, 살림, 2009.

32 엄순천, 「러시아의 한국문학 번역 현황 분석」, 『한국문학의 외국어 번역』, 연대출판부, 2004, 155쪽.

선전』, 『춘향전』과 같은 일본어 번역물 등을 어떻게 처리할 것인가
하는 문제가 남아있다.

　쿠랑이 『한국서지』를 간행하기 직전에 외국인들 사이에는 조선전
적을 구경하거나 수집하는 것이 큰 인기를 끌었던 것 같다. 에비슨이
나 샤를 바라의 자서전을 보면 플랑시가 그들에게 권유했던 모습을
확인할 수 있다.[33]
　외국인의 조선전적에 대한 관심은 조선의 운명이 일본으로 넘어
가면서 조선총독부로 일원화되었다. 고소설에 한정해서 살펴보자
면, 그들은 당시 유행하던 고소설을 대대적으로 조사, 수집했고, 이
를 목록화하는 작업을 전개해나갔다.[34]
　앞서 제기한 과제인 '구한말~일제강점기'의 조선전적의 실상, 더
나아가 한국문학사에서 다루지 못했던 문제나 간극을 메울 수 있는
중요한 자료는 해외 소장 조선전적에 있다. 이 사업은 현재 국립중앙
도서관, 문화재청, 한국학중앙연구원, 고려대 민족문화연구원에서
체계적으로 추진되고 있지만 분야별로 좀 더 구체적으로 정리될 필
요가 있고, 연구자들이 이용할 수 있는 정확한 목록의 작성, 원본에
대한 영인(影印)과 디지털 작업 등이 계속해서 이루어져야 할 것이다.

---

33 Oliver R. Avison, 황용수 역, 『고종의 서양인 전의(典醫) 에비슨 박사의 눈에 비친
　구한말 40여 년의 풍경』, 대구대학교, 2006. ; 샤를 바라·샤이에 롱 지음, 성귀수
　옮김, 『조선기행: 백여 년 전에 조선을 다녀간 두 외국인의 여행기』, 눈빛, 2006.
34 유춘동, 「한일합병 즈음에 유통되었던 고소설의 목록」, 『연민학지』 15, 연민학회,
　2011.

참고문헌

- H.N. 알렌 지음, 신복룡 역주, 『조선견문기』, 집문당, 1999.
- N.G. 가린-미하일로프스키 저, 안상훈 역, 『조선설화』, 한국학술정보, 2006.
- Oliver R. Avison, 황용수 역, 『고종의 서양인 전의(典醫) 에비슨 박사의 눈에 비친 구한말 40여 년의 풍경』, 대구대학교, 2006.
- 모리스 쿠랑 지음, 파스칼 그러트, 조은미 옮김, 『프랑스 문헌학자 모리스 쿠랑이 본 한국의 역사와 문화』, 살림, 2009.
- 버튼 홈스 지음, 이진석 옮김, 『1901년 서울을 걷다』, 푸른길, 2012.
- 샤를 바라·샤이에 롱 지음, 성귀수 옮김, 『조선기행: 백여 년 전에 조선을 다녀간 두 외국인의 여행기』, 눈빛, 2006.
- 아손 그렙스트 지음, 김상열 옮김, 『스웨덴 기자 아손, 100년 전 한국을 걷다』, 책과 함께, 2004.
- 엄순천, 「러시아의 한국문학 번역 현황 분석」, 『한국문학의 외국어 번역』, 연대출판부, 2004.
- 에밀 부르다레 지음, 정진국 옮김, 『대한제국 최후의 숨결』, 글항아리, 2009.
- 유영란·윤정란, 『19세기말 서양선교사와 한국사회: *The Korean Repository* 를 중심으로』, 경인문화사, 2004.
- 정성화·로버트 네프, 『서양인의 조선살이: 1882~1910』, 푸른역사, 2008.
- 제이콥 로버트 무스 지음, 문무홍 외 옮김, 『1900, 조선에 살다』, 푸른역사, 2008.
- 캐서린 안, 김성웅 옮김, 『조선의 어둠을 밝힌 여성들』, 포이에마, 2012.

근대 초기에
해외로 반출된 고소설의 문제

유춘동

1. 서론

이 글은 근대 초기에[1] 해외로 반출된 전적(典籍)이나 고소설(古小說)에 대한 조사를 진행하면서 새로 알게 된 사실과 이와 관련된 몇 가지 문제를 다루는 것을 목적으로 한다.

조선의 문호가 외국에 개방되면서 이 땅에 수많은 외국인들이 들어왔다. 이들 중에는 특별히 우리나라 전적에 관심을 갖고 이를 체계적으로 수집했던 외국인들이 많았다. 대표적인 예가 모리스 쿠랑

---

[1] 이 글에서의 '근대 초기'란 구한말에서부터 일제강점기 초기를 말하며, 시기적으로는 19세기 말에서 20세기 초까지에 해당한다. 따라서 이보다 훨씬 이전의 중국이나 일본으로 전해지고 읽혔던 고소설에 대한 문제는 제외한다. 한편, 일본에 식민지 지배가 본격화되면서부터는 조선총독부에 의하여 고소설이 대대적으로 조사 수집되고 이를 목록화 하는 작업이 이루어졌다. 이 내용 역시 이 글에서는 제외하기로 한다.

이 『한국서지』를 통해서 밝혔던 플랑시, 비씨에르, 보베, 바라, 가벨렌츠 등이다.[2]

그런데 이렇게 이름이 알려진 수집가나 장서가는 소수에 불과하고 이보다 더 많은 외국인들이 우리나라의 전적을 수집하거나 소유했던 것으로 보인다. 우리에게 구한말 주한 외교관으로만 알려진 애스턴과 묄렌도르프가 당시 외국인들 사이에서는 우리나라 전적의 수집·장서가로 더 유명했다는 점[3]이나 당시 고종(高宗)을 알현했던 외국인들에게는 의례적으로 우리나라의 전적을 선물로 주었다는 사실이 이를 짐작케 한다.[4]

이러한 우리나라의 전적은 외국인이 자국으로 귀국하면서 함께 반출되었다. 현재 반출된 전적 중에서 확인된 것은 12개국 139개 기관이다. 하지만 이보다 더 많은 곳에 소장되어 있을 것으로 추정된다.[5]

그동안 이렇게 해외로 반출된 전적들을 발굴하거나 이에 대한 의

---

2 모리스 쿠랑은 『한국서지』를 저술하는 과정에서 당시 장서/수집가의 이름을 간접적으로 밝혔다. "나는 또한 가장 큰 호의를 가지고 자신들이 가지고 있는 책을 내게 참고하도록 보여준 외국거류민에게도 많은 도움을 받았다." 모리스 쿠랑 저/이희재 역, 『한국서지』, 일조각, 1994, 4~5쪽.

3 허경진/유춘동, 「러시아 상트페테르부르크 국립대학과 동방학연구소에 소장된 조선 전적(朝鮮典籍)에 대한 연구」, 『열상고전연구』 36, 2012.

4 고종이 직접 왕실을 방문했던 외교관들에게 전적을 선물로 준 경우가 있다. 이러한 사례는 『황성신문』 1909년 9월의 기사를 통해서 볼 수 있다.

5 옥영정, 「해외 소장 한국본의 정리 현황과 과제」, 서울대 규장각한국학연구원편, 『해외 한국본 고문헌 자료의 탐색과 검토』, 삼경문화사, 2012, 14쪽. ; 한편 국립문화재연구소에서 간행한 보고서에는 전적과 미술문화재를 포함하여 총 18개국 107,877점이 해외에 소장되어 있다고 한다. 국립문화재연구소 미술문화재연구실, 『국외한국문화재목록』, 2009 참조.

미 부여는 거의 이루어지지 못했다.[6] 최근에 와서야 이러한 문제를 인식하고 국가 기관의 주도로 체계적인 조사가 이루어지고 있으며, 이 전적들이 지닌 중요한 사실 등이 확인되고 있다.[7]

이 작업의 아쉬운 점은 중요한 한적(漢籍)의 발굴 위주로 진행된다는 것이다.[8] 이로 인하여 고소설은 대부분 조사에서 빠져 있다. 고소설의 경우, 이미 조사를 마쳤다고 공표된 해외 기관이나 대학에 가서 직접 확인해보면 작업에서 제외된 상당한 수의 중요한 자료를 확인할 수 있다. 기관에 따라서 단순히 몇 종의 고소설이 존재하는 곳도 있지만 조선에서 유행했던 고소설 대부분이 있는 곳도 있다. 이 책들은 일반 필사본에서부터 방각본이나 세책 고소설과 같은 상업출판물까지 다양하다.

이 자료들이 근대 이전 시기의 고소설의 유통 문제를 규명해 볼 수 있는 정보나 원 소장자(수집가)가 어떤 목적에서 이 책을 수집했는지를 알 수 있는 정황을 담고 있다는 점에서 중요하다. 따라서 해외 기관에 소장되어 있는 전적을 조사할 때, 고소설을 포함시키고 이에 대한 체계적인 논의가 필요하다.

---

6 이러한 상황에서 이상현의 작업은 독보적이라고 할 수 있다. 이상현, 『한국 고전번역가의 초상: 게일의 고전학 담론과 고소설 번역의 지평』, 소명출판, 2012.

7 예를 들어 국외소재문화재재단이 주관하여 옥영정이 조사했던 중국 상하이도서관에서 세종대 경연에서 쓰이던 『자치통감강목(資治通鑑綱目)』을 확인한 것이 그 대표적인 예이다. 이 책을 통하여 일본에 반출된 이후 중국까지 흘러가게 된 사실 등이 알려졌다.

8 최근 고려대 민족문화연구원과 국립중앙도서관은 이러한 문제를 인식하고 고소설을 조사대상에 포함시켜 조사를 진행하고 있다. 이처럼 뒤늦게나마 고소설을 조사 대상에 포함시킨 것은 다행이다.

이 글에서는 조사가 완료된 기관에 소장되어 있는 고소설의 실태 등을 살펴보고, 차후 자세한 논의가 필요한 일본 교토대학, 도쿄대학, 러시아 상트페테르부르크 국립대학과 동방학연구소, 영국 케임브리지대학, 런던대학 SOAS에 소장되어 있는 고소설에 대하여 언급하기로 한다.

2. 근대 초기에 반출된 고소설의 조사 실태

현재까지 파악된 해외 기관 중에서 우리나라의 전적을 소장하고 있는 기관은 12개국 139개이다.[9] 이 기관에 있는 전적은 1990년대 초반부터 조사작업이 시작되었다. 조사의 초창기에는 한정된 인원으로, 중요한 한적 자료 위주로 작업이 진행되었다. 그러다보니 고소설은 조사에서 제외된 경향이 있다. 이로 인하여 초창기 연구에서 해외로 반출된 고소설을 조사한 결과물을 찾아보기가 어렵다.[10]

2000년대에 들어와서 이러한 문제를 인식하고, 작업의 경우 대규모 전문 인력이 투입되고 전수 조사로 조사 방향이 선회하면서 이들

---

9   옥영정, 「해외 소장 한국본의 정리 현황과 과제」, 서울대 규장각한국학연구원편, 『해외 한국본 고문헌 자료의 탐색과 검토』, 삼경문화사, 2012, 14쪽. ; 한편 국립문화재 연구소에서 간행한 보고서에는 전적과 미술문화재를 포함하여 총 18개국 107,877점 이 해외에 소장되어 있다고 한다. 국립문화재연구소 미술문화재연구실, 『국외한국문화재목록』, 2009 참조.

10   일본 손케이가쿠문고의 조사처럼 소설류인 『전등신화구해』를 조사 결과물로 제시한 것도 있다. 그러나 한글고소설은 대다수의 조사에서 빠져있다.

기관에 소장되어 있는 고소설의 존재가 확인되고 있다.[11] 이러한 과
정에서 고소설을 조사 대상에 포함시키고 이에 대한 체계적인 조사
가 이루어진 것을 정리하면 다음과 같다.

번호	조사기관	조사연도
1	미국 컬럼비아대학 동아시아도서관 소장 한국본	1994
2	프랑스 기메박물관 및 동양어학교 도서관 소장본	2003
3	일본 덴리대학 덴리도서관 소장 한국본	2005
4	카자흐스탄 국립도서관 소장 한국본	2007
5	중국 운남대학 도서관 소장 한국본	2011

모두 해외로 반출된 전적 조사 전체를 놓고 볼 때 고소설에 대한
조사는 상당히 미미한 수준이다. 또한 일본 도쿄대학의 경우에는 고
소설이 있음에도 불구하고 정작 조사에는 빠져 있는 상황을 볼 수
있다.

그간에 이루어진 조사를 살펴본다면 먼저, 미국 컬럼비아대학 소
장 한국본은 근대 초기에 외국인에 의하여 반출된 전적은 아니고,
화산서림(華山書林)을 운영했던 고서적상(古書籍商) 이성의(李聖儀)가
1960년대 컬럼비아대학에 매매하여 조성된 컬렉션에 대한 조사이
다.[12] 컬렉션의 규모는 517종 1,857책이고 이 중에서 고소설은 100여

---

11 이는 한국학중앙연구원에서 따로 한국학자료센터를 운영하고, 해외전적은 전문연구
기관인 고려대학교 민족문화연구원에서 조사를 진행하면서부터이다. 그 중요성을
감안할 때 국가적인 차원에서 두 기관에 지속적이고도 전폭적인 지원이 필요하다.
12 미국 컬럼비아대학 홈페이지에서 관련된 내용을 자세히 볼 수 있다.

종이다. 고소설은 대부분 활판본이며, 신소설도 포함되어 있다. 자료는 모두 마이크로필름으로 제작되었고 주요 도서관이나 대학에서 쉽게 볼 수 있다.[13] 이 자료 중에는 활판본 간행의 초기인 1912년에 발행된 것들이 많아 단순히 목록만 제시해야 할 것이 아니라 이 자료에 대한 의미 부여가 필요하다.

프랑스 기메박물관 및 동양어학교 도서관 소장 한국본은 근대 초기 외국인에 의하여 해외로 반출되었던 우리나라 전적의 대표적인 경우이다. 현재, 동양어학교 도서관 소장본은 국립중앙도서관에서 대부분 마이크로필름으로 제작하여 열람이 가능하다. 그러나 기메박물관에 소장된 자료는 서지사항만 제시했을 뿐 자료의 실본은 연구자들 사이에서 확인되지 못하고 있다.

이 자료는 바라가 조선에 입국한 뒤에 당시 방각업소나 세책점에서 구매한 것들이다. 『옥인기연』이 이러한 정황을 보여주는 대표적인 예이다. 이 작품은 옥용동(玉龍洞) 세책점에서 필사하여 대여해준 세책 고소설이다. 따라서 이러한 사실을 규명하는데 초점을 두고 자료에 대한 재조사가 필요하다.

일본 덴리대학 도서관의 전적은 대부분 일본인 학자 다카하시 도오루(高橋亨)와 이마니시 류(今西龍)가 수집한 것들로 이중에서 고소설은 필사본 고소설, 방각본 소설, 세책 고소설, 활판본 고소설이 있다. 이 중에서 경판본『도원결의록』과 세책 고소설『장경전』등은

---

http://library.columbia.edu/locations/eastasian/korean/rarespecial
13 이 자료들의 구체적인 논의는 차후 과제로 넘긴다.

이 책들이 당시 방각업소나 세책점에서 구매한 정황을 보여준다. 그러나 이러한 논의 또한 이루어지고 있지 못하다.

카자흐스탄 국립대학과 중국 운남대학은 최근에 조사가 되었는데, 전자는 블라디보스토크의 원동(遠東) 조선사범대학 도서관에 보관되어 있었던 것을 1937년 스탈린 정권에 의해서 조선인 강제 이주와 함께 카자흐스탄으로 옮겨 왔을 것으로 추정하고 있으며,[14] 후자는 한국 최초의 서양인 고문으로 부임해 통리아문의 외무협판과 외교 고문직을 역임했던 묄렌도르프의 장서로 보고 있다.[15] 주목할 것은 카자흐스탄 도서관 소장 『옥인몽』과 운남대학 도서관 소장 『수호전』이다. 앞의 것은 조사보고서를 보면 세책본으로 기술하고 있으며, 뒤의 것은 당시 숭례문 근처에 있던 책가게의 책을 보고 베껴 쓴 것이라고 한다. 따라서 두 기관에 소장되어 있는 고소설은 이러한 점에 초점을 두고 자료를 자세히 검토할 필요가 있다.

이러한 일련의 조사를 통해서 해외로 반출된 고소설의 성격이 어느 정도 확인된 것은 사실이다. 그러나 해외로 반출된 대다수의 고소설이 당시 상업출판물이었던 방각본이나 세책을 전문적으로 취급했던 업체로부터 구매하거나 수집했다는 점, 이 자료들을 통해서 고소설의 유통 문제나 원 소장자(수집가)가 어떤 목적에서 이 책을 수집했는지에 대한 논의는 이루어지지 못했다. 근대 초기 외국인에 의하여

---

14 국립문화재연구소, 『카자흐스탄 국립도서관 소장 한국본』, 국립문화재연구소, 2008.
15 배숙희, 「중국 운남대학 도서관 소장 고려본(조선본) 선본 고적의 소개」, 『장서각』 16, 2006.

반출된 전적의 의미를 확인하기 위해서는 앞으로 새로운 소장처를 발굴해내는 것도 필요하지만 기존 작업을 좀 더 섬세하게 보완할 필요가 있다.

한편, 일본 교토대학, 도쿄대학, 러시아 상트페테르부르크 국립대학과 동방학연구소, 영국 케임브리지대학, 런던대학 SOAS에 소장되어 있는 우리나라 전적에 대한 조사는 소장 기관에 따라서 몇 차례 조사가 이루어진 곳도 있고 따로 상세한 결과보고서가 제출된 곳도 있다. 그러나 앞서 언급했던 것처럼 이 기관에 소장되어 있는 고소설은 대부분 조사에서 제외되어 있다. 따라서 각 기관별로 소장되어 있는 고소설의 실태를 살펴볼 필요가 있다.

2.1. 일본 교토대학 소장 고소설의 실태

일본 교토대학의 전적 조사는 가와이(河合) 문고를 중심으로 여러 차례 이루어졌다. 그리고 조사된 자료의 일부는 마이크로필름으로 복제해오기도 하였다. 그러나 고소설의 실상에 대해서는 거의 논의되지 못했다.[16]

교토대학의 고소설은 중앙도서관에서만 소장되어 있는 것이 아니라 이 대학의 인문학연구소에서도 관리가 되고 있다. 현재까지 국내에 알려지지 않은 것은 인문학연구소의 고소설인데, 이곳에는 세책

---

16 정병설과 윤경아에 의하여 자료 일부가 소개된 바 있다. 정병설, 「일본 교토대학 소장 새 자료 소개: 한국 고전소설 14종 및 한글번역 〈서상기〉 외」, 『문헌과 해석』 28, 2004.

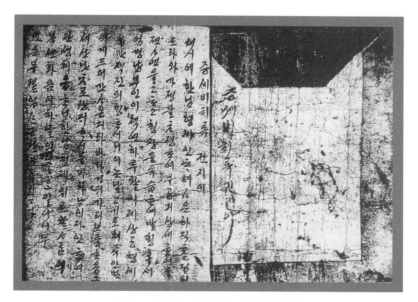

사진 1. 교토대학 소장 세책 고소설 징세비태록

고소설을 포함한 여러 종의 고소설이 존재한다.

세책 고소설은 『금향정기』, 『김씨효행록』, 『남정팔난기』, 『백학선전』, 『삼옥삼주전』, 『장국진전』, 『장백전』, 『장한절효기』, 『전운치전』, 『제갈무후전』, 『징세비태록』까지 총 11종이 있다.

이 중에서 필사기가 온전히 남아있는 것은 『금향정기』, 『장백전』, 『장한절효기』, 『제갈무후전』 등이며, "무슐스/오월일이현셔, 긔히 이월일 이현 필셔, 긔히 스월일 이현 필셔, 긔히 구월일 이현 필셔/ 阿峴"으로 적혀져 있다. 이러한 필사기를 통해서 교토대학에 소장되어 있는 세책 고소설은 서울 아현동 지역에 있었던 세책점에서 1898년과 1899년 사이에 필사하여 당대 사람들에게 대여해 주었던 것임을 알 수 있다.

이 자료는 원래 훼손이 심해서 도서관 측에서 따로 보관하고 있던 것이다. 이를 연세대 이윤석 교수가 발견하고 자료의 중요성을 이야기하여, 현재 도서관 측에서는 보존 및 복원 작업이 진행되고 있다. 한편 도서관 담당자가 말하기를 이 자료 이전에 몇 차례에 걸쳐 훼손이 심한 자료를 도서관에서 폐기했다고 한다. 이런 점을 생각해보면 현재 확인된 것 말고도 더 많은 세책 고소설이 이곳에 있었던 사실을 알 수 있다.

이 자료가 교토대학에 언제, 어떤 경로를 통해서 유입되었는지는 알 수 없다. 조선총독부의 고적조사위원이었던 이마니시 류가 이 자료를 수집했다는 설도 있지만 사실 여부는 알 수 없다.

교토대학에 소장되어 있는 11종의 세책고소설은 기존에 확인된 세책과 동일 제명의 것도 있고 이곳에만 존재하는 것도 있다.[17] 이 자료는 세책점에 대한 정보, 세책과 상업출판물과의 관계, 세책과 세책 간의 관계를 규명해 줄 수 있다는 점에서 중요하다.

2.2. 일본 도쿄대학 소장 고소설의 실태

일본 도쿄대학 또한 국내 기관에서 수차례나 전적 조사가 이루어졌고, 방문학자의 신분으로 여러 연구자들이 이곳을 방문하여 조사한 곳이다. 이로 인하여 이 대학은 한국본을 소장한 해외 기관 중에

---

17 이윤석·오타니 모리시게[大谷森繁]·정명기, 『세책 고소설 연구』, 혜안, 2003.

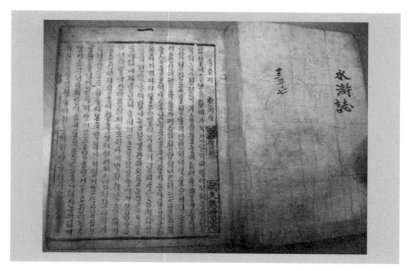

사진 2. 도쿄대학 소장 경판 방각본 수호지

서 조사가 완료된 기관으로 인식되어 왔다.

그런데 이곳에 국내에 소개되지 않은 고소설이 있다는 사실은 최근에야 알려졌다. 그것은 이 대학 인문과학연구소에 따로 보관되어 있는 오구라 신페이(小倉進平)가 수집한 고소설이다.

오구라가 수집했던 고소설은 중앙도서관과 인문과학연구소 두 곳에 나뉘어 소장되어 있었다. 국내 연구자들은 이 사실을 알지 못했기 때문에 중앙도서관에 소장된 오구라 전적만을 집중적으로 조사했다.

이 자료는 이 대학의 후쿠이 레이(福井玲) 교수에 의하여 목록으로 소개되었다. 그가 작성한 목록을 보면 이곳에는 필사본, 방각본을 포함하여 대략 20여 종의 고소설이 있다.[18] 이 목록을 통해서 이곳에 소장되어 있는 고소설을 자세히 알게 되었지만 서지사항만을 기술한 것이어서, 자료의 구체적인 성격, 국내 기관과 대학도서관에 소장 자료와의 관계 등은 확인이 어려운 상황이다.

도쿄대학 인문과학연구소에 소장되어 있는 고소설은 개인소장본이 아닌 당시 세책점을 통해서 구매한 것이다. 특히 세책점에서 대여되었던 방각본 소설만을 주로 수집했다.

그동안 세책점에서는 전문필사자에 의하여 필사된 세책고소설만이 주요 대여품목일 것으로 생각해 왔지만 이 자료를 보면 방각본만을 따로 세책점에서 대여해주었던 사실을 알 수 있다. 따라서 이 자료는 조선후기 방각본의 유통과 세책점의 관계를 다른 시각에서 규명해 볼 수 있다는 점에서 중요하다.

2.3. 러시아 상트페테르부르크 국립대학 소장 고소설의 실태

러시아 상트페테르부르크 국립대학에 소장된 우리나라의 전적의 구체적인 사항은 최근에야 알려졌고, 여기에 고소설이 상당수 포함되어 있다는 것 또한 최근에야 확인되었다.

이곳에는 국내에서는 보기 드문 '경성개간(京城開刊)'이라는 간기(刊記)가 새겨진 경판본『설인귀전』40장본을 비롯하여, 경판본『토생전』, 『삼국지』, 『숙영낭자전』, 필사본『춘향전』등이 있다.

---

18 후쿠이 레이(福井玲), 「오구라문고 목록」, 『해외 한국본 고문헌 자료의 탐색과 검색』, 경인문화사, 2012. 이 논문은 원래 일본어로 작성되었던 것인데 단행본에 재수록되면서 한글로도 번역되었다.

이 대학에 소장되어 있는
고소설은 해외 다른 기관과
는 다르게 누구에 의하여 어
떤 목적에 의하여 수집되었
는지를 분명히 알 수 있다. 이
고소설은 모두 조선에 파견
할 외교관 양성을 위해 교재
로 사용했던 것이다.

사진 3. 10부씩 구매하여 교재로 사용했던
러시아 상트페테르부르크 국립대학의 사례

이곳에서 고소설을 이용한 조선어(한글) 교육은 1897년부터 시작
되었다. 1896년 러시아 황제 니콜라이 2세 대관식에 조선사절단이
파견된 것을 계기로, 러시아에서는 당시 사절단의 통역을 맡았던 김
병옥을 교수로 임명하여 조선어(한글)를 가르쳤다.[19]

그는 교육을 위해서 고소설을 구매했다. 이때 당시 학생 숫자만큼
각각 10부씩 구입했다. 구매한 고소설은 그대로 교재로 사용되었지
만 『춘향전』은 예외적으로 경판본을 저본으로 하면서, 이도령과 춘
향의 사랑 이야기에 초점을 두면서도 어려운 내용이나 고사(故事) 등
을 빼고 새로운 『춘향전』을 만들기도 했다.[20]

---

19 러시아에서는 처음 윤치호에게 이를 제안했으나 개인사정을 핑계로 이를 거절했다.
   그래서 윤치호 대신에 당시 통역관이었던 김병옥이 이 일을 맡았다. 조선어(한글)
   교수 임용과 관계된 자세한 내용은 윤경남이 번역한 『윤치호일기』를 통해서 알 수
   있다. 윤경남, 『민영환과 윤치호, 러시아에 가다(윤치호일기 제4권, 1896년)』, 신앙
   과 지성사, 2014.
20 허경진·이숙, 「19세기 러시아에서 출판된 조선어독본 〈춘향전〉에 대한 연구」, 『한국
   민족문화』 45, 2012.

고소설을 조선어(한글) 교재로 사용한 사례는 가까운 일본에서도 볼 수 있다. 일본은 17세기부터 고소설을 조선어(한글) 학습에 이용하는 전통이 시작되어 20세기 초까지 이어졌다.[21] 이 자료들은 외국인들이 조선어(한글)를 익히기 위해서 어떻게 사용했는지를 실증적으로 보여준다는 점에서 중요하다.

2.4. 러시아 동방학연구소 소장 고소설의 실태

러시아 동방학연구소에 소장되어 있는 고소설은 주한 영국공사를 역임했던 애스턴이 수집했던 것과 당시 대한제국의 외교고문을 담당했던 묄렌도르프가 수집했던 것, 둘로 나뉜다.

애스턴은 일본의 전적과 조선의 전적, 둘을 동시에 수집했었다. 그러다가 우리나라의 전적은 1896년 러시아 동방학연구소에 매각했고, 일본전적은 같은 해에 영국 케임브리지대학에 모두 다 팔았다.

사진 4. 묄렌도르프 소장 『장경전』

애스턴이 수집했던 고소설은 일반 필사본, 세책 고소설, 방각본 소설의 형태로 대략 40여 종에 이른다. 일반 필사본은 대부분 『소대

---

21 허경진, 「고소설 필사자 하시모토 쇼요시의 행적」, 『동방학지』 112, 2001. ; 정병설, 「18~19세기 일본인의 조선소설 공부와 조선관」, 『한국문화』 35, 2005.

성전』이라는 특징이 있다. 세책 고소설은 『보은기우록』과 같은 장편 가문소설로 대부분 묘동(廟洞) 세책점에서 대여해주던 것이다. 또한 방각본 소설은 30~40장 내외로 된 초기에 간행된 것들이다. 이 중에는 경판본 『조웅전』 31장본, 경판본 『임진록』 3권3책본(84장본)처럼 국내에서 보기 드문 자료도 있다.

애스턴이 고소설을 수집했던 목적은 경판본 『장화홍련전』을 통해서 유추해 볼 수 있다. 그는 메모를 통하여 처음에는 단어 위주로 공부했고 그 다음에는 문장으로 관심이 이어졌으며 마지막에는 조선어(한글) 공부는 물론 조선의 문화를 이해하기 위하여 고소설을 읽는다고 했다.

실제로 그가 조선어(한글) 공부를 어떻게 했는가는 『별숙향전』, 『숙영낭자전』 등의 자료에서 확인할 수 있다. 그는 고소설을 읽고 어려운 단어나 구절에는 한자(漢字)를 병기하는 방식을 택했다.

그가 고소설을 구매한 경로는 두 가지였다. 조선에 입국하기 전에는 사토(Satow)를 통해서 고소설을 구했다. 이에 대한 자세한 내용은 두 사람이 주고받던 편지에서 볼 수 있다.[22] 사토는 조선 사정에 밝은 일본인을 통해서 조선의 고소설을 구매했고 이를 애스턴에게 되팔았다. 이후 애스턴이 조선에 외교관으로 입국하면서부터는 그가 고용했던 조선어 교사를 통해서 고소설을 구매했다.

이때 조선어 교사들은 세책점이나 방각본 업소에서 다양한 고소

---

22 Peter Kornicki/Haruko Iwagami, *F. V. Dickins' Letters to Ernest M. Satow*, Edition Synapse, 2012.

설을 구매하여 그에게 건네주었던 것으로 보인다.

한편, 동방학연구소에 묄렌도르프가 소장했던 고소설은 모두 방각본 소설로 대략 10여 종이 있다. 그가 소장했던 고소설은 비교적 좋고 큰 종이에다가 인쇄되었다. 아마도 방각업소에서 새로 인쇄된 것을 곧바로 구매했거나 김준근의 〈기산풍속도〉처럼 외국인들을 위해서 특별히 찍어 팔던 것을 구입했을 가능성도 있다.

묄렌도르프의 책에서는 애스턴처럼 고소설을 읽었던 정황을 볼 수 없다. 그가 수집했던 전적은 주로 조선의 정치, 경제, 문화와 관련된 책이었으며, 우리나라 사람이 중국인과 주고받았던 외교 문서나 편지도 포함되어 있다. 이런 점을 본다면 묄렌도르프는 특별히 고소설에 대한 관심을 두었다기보다는 조선의 정보, 문화를 수집하는 과정에서 고소설을 포함시켜 수집했던 것으로 보인다.

러시아 동방학연구소에 소장되어 있는 전적은 앞으로 전적 수집가들이 수집한 자료였다는 점에 초점을 두고 살펴볼 필요가 있다.

2.5. 영국 케임브리지대학 소장 고소설의 실태

영국 케임브리지대학에 있는 우리나라의 전적은 애스턴이 수집했던 것, 사토가 수집했던 것, 웨이드가 수집했던 것, 조선에 파견된 선교사들이 수집했던 것, 넷으로 나뉜다.

이곳에 있는 애스턴 소장본은 러시아에 매각하는 과정에서 분류가 되지 못한 채 빠트린 것으로 보인다. 남아있는 것 중에서 고소설은 경판 방각본 소설 『조웅전』 한 종뿐이다.

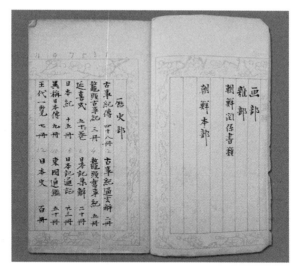

사진 5. 케임브리지대학에 있는 애스턴 구매목록

애스턴 이외에 사토, 웨이드, 선교사들이 수집한 것 중 고소설은 없다. 대부분 『고려사』와 같은 역사서, 『천자문』이나 『규장전운』 등의 한문학습서, 성경 및 선교 관련 자료들이다.

참고로 이 대학에 소장되어 있는 애스턴과 사토의 장서는 코니스키가 자세히 소개한 적이 있다.[23] 이때 조선본 항목을 두어 몇 종을 소개했지만 일본에서 만들어진 복각본만 다루었고 실제 경판 방각본 『조웅전』은 빠져있다.

---

23 Peter Kornicki/Nozomu Hayashi, *Early Japanese Books in Cambridge University Library: A Catalogue of the Aston, Satow and Von Siebold Collections: A Catalogue of the Aston, Satow and Von Siebold Collections*, Cambridge Univ Press, 2012.

한편, 케임브리지대학에 소장되어 있는 자료 중에서 무엇보다 중요한 것은 애스턴이 직접 작성했던 장서목록과 구매목록이다. 애스턴은 자신이 구입했던 자료에 대하여 꼼꼼히 기록했다. 러시아 동방학연구소에도 애스턴의 또 다른 장서목록과 구매목록이 있다. 차후두 자료의 대조를 통하여, 애스턴이 구매한 전적의 총량, 현존 여부, 전적을 구매한 시점, 구매 가격, 구매시의 정황 등에 대한 구체적인 사항이 확인될 것으로 보인다.

2.6. 런던대학 SOAS 소장 고소설의 실태

영국에 존재하는 우리나라의 전적은 영국박물관, 옥스퍼드대학, 셰필드대학에만 있는 것으로 알려져 왔다. 그러나 런던대학 SOAS를 조사해 본 결과, 적은 수량이지만 이곳에도 우리나라의 전적이 있다는 사실을 알게 되었다.

그동안 런던대학 SOAS는 몇 차례 조사가 있었음에도 불구하고 우리나라의 전적이 없는 것으로 여겨져 왔는데, 그 이유는 대부분의 전적이 일반서가에 그대로 꽂혀있거나 이곳에서 30분 거리에 있는 다른 지하 수장고에 보관되어 있기 때문이다.

런던대학 SOAS에 소장되어 있는 고소설은 일반 필사본, 경판본, 완판본의 형태로 11종이 존재한다. 이 중에는 『오자서전』처럼 국내에서도 흔히 볼 수 없는 자료가 몇 종 있다.[24]

---

24 현재 서울대 중앙도서관에도 이 책의 이본이 있다. 이는 고려대 김성철 선생을 통해 존재를 알게 되었다. 아울러 〈오자서전〉은 구활자본으로 간행된 것도 있다.

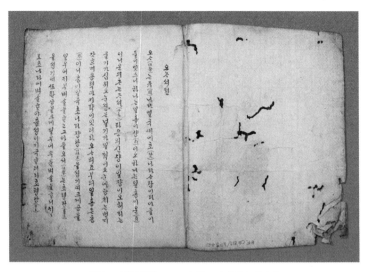

사진 6. 런던대학 SOAS 소장 고소설 『오자서전』

필사본 소설에는 필사기가 대부분 존재하는데 "아산(牙山)"이라는 지역의 것들이 많다. 필체로 보아 동일한 사람이 쓴 것으로 보인다. 아마도 이 지역에서 필사되어 읽히던 것이 일괄적으로 이 대학에 들어오게 된 것으로 보인다.

담당 사서에게 이 자료들이 SOAS에 언제 들어오게 되었는지를 문의해 보았는데 1920년대라는 짤막한 답변만 들었고 이외의 자세한 사항은 알 수 없었다.

이상과 같이 해외 기관 여섯 곳에 소장되어 있는 고소설의 실태를 살펴보았다. 여섯 곳은 그동안 여러 차례 전적 조사가 이루어졌음에도 불구하고 고소설은 조사 대상에서 제외된 곳이다. 이 여섯 곳만 살펴보아도 해외 기관에는 고소설은 물론, 조선시대 출판문화사의 구체적인 실상을 보여주는 중요한 자료들이 소장되어 있음을 알 수 있다.

특히 이 자료들은 단순히 읽기 위해서 수집되었던 것이 아니라 조선어(한글)를 배우는 기초 교재로 활용되었다는 점에 주목할 필요가 있다. 근대 초기에 해외로 반출된 고소설의 실상과 그 의미를 부여하기 위해서는 이 자료들에 대한 보다 자세한 확인이 필요하다.

3. 근대 초기에 반출된 고소설의 특성: 교토대학 소장 세책 고소설 『징세비태록』의 사례

이 장에서는 앞서 살펴본 여섯 곳에 소장되어 있는 고소설 전체를 대상으로 그 일반적인 특성을 제시해야겠지만 사정상 교토대학 소장 세책 고소설 『징세비태록』 한 종의 의미만을 간략하게 살펴보기로 한다.

고소설 『징세비태록』은 작품의 시대적 배경이 청나라인 점, 고소설에서는 보기 드물게 청나라가 지배하는 중국을 인정했다는 점, 단편소설이지만 안경—안태후—안대순 3대에 걸쳐 이야기가 전개되고 있어 장편가문소설과도 맥이 닿아있다는 점, 활판본으로 간행되면서 제목을 『일대용녀남강월』로 고치고 여성 주인공의 활약상을 부각시키는 방향으로 개작된 점에서 주목받아왔다.[25]

현재 확인된 고소설 『징세비태록』은 일반 필사본, 경판본, 세책

본, 활판본의 형태로 10여 종의 이본이 확인된다. 이 소설은 선행
연구를 통하여 이본 간의 관계와 개작 양상이 다루어졌지만[26] 교토
대학에 소장된 세책 고소설『징세비태록』을 포함시켜 검토하지 못
했기 때문에 사실상 이본 간의 관계나 상업출판물 간의 관계가 명확
하지 않다. 따라서『징세비태록』은 이러한 문제에 초점을 두고 검토
할 필요가 있다.

　교토대학에 소장되어 있는 세책본『징세비태록』은 기해년(1899)
약현동 세책점에서 유통되어 읽히던 것으로, 현재 권2, 권6 두 권만
남아있다.[27] 한편, 이화여대에는 정미년(1907)에 금호동 세책점에서
유통되어 읽혔던 세책본이 있다. 먼저 두 세책본 간의 관계를 살펴보
도록 한다.

　이대 소장 세책본의 특징으로 지적된 것은 권6에 등장하는 장회명
(章回名)이다. 권6에는 "도사현심구숙녀/안시랑승은환고국/화신악관
슈텬벌"이라는 장회명이 있는데, 선행연구에서는 이 장회명이 1907
년 세책본으로 유통되면서 당시의 활판본에 장회명을 넣는 관행에
따라서 만들어진 것으로 보았다. 그러나 이보다 시기가 앞선 1899년
에 필사되어 읽혔던 약현 세책본에서도 "도스현심구슉여/안시랑승

25 김장동,「징세비태록 연구」,『한국문학연구』14, 1992. ; 전상욱,「징세비태록 이본
　　연구」,『동방고전문학연구』5, 2003. ; 임치균,「조선후기 소설에 나타난 청나라 지
　　배의 중국에 대한 인식의 변화와 의미」,『장서각』24, 2010. ; 신차선,『징세비태록연
　　구』, 한국교원대 석사학위논문, 2011. ; 차충환,「명청 교체와 조선후기 소설」,『인문
　　학연구』25, 2014.
26 전상욱과 신차선이 이 문제를 자세히 다루었다.
27 선행연구에서는 이를 권2, 권4라고 했지만 권2와 권6으로 바로 잡는다.

은환고국/환신악관슈텬벌"처럼 표기에만 차이가 있을 뿐 동일한 제 명의 장회명이 존재한다. 따라서 금호동 세책본에서의 장회명은 후 대에 뒤늦게 붙여진 것이 아니라 이미 이전 시기의 세책본에서부터 존재했던 것으로 보아야 한다.

그리고 세책본 두 종을 대조해보면 아래아 표기에서만 차이가 있 을 뿐 단어나 구절은 대부분 일치한다. 그동안 세책본 몇 종을 검토 하면서 세책본은 10~20여 년이라는 시간차에도 불구하고 큰 변화가 없었고 이것은 세책의 텍스트가 고정된 채 유통되었다는 주장을 한 바가 있는데[28] 이 세책본에서도 이러한 현상이 그대로 나타나고 있 다. 따라서 두 세책본은 필사연대에서만 차이가 있을 뿐 동일한 것이 다. 즉 세책 고소설 중에서 두 종 이상의 동명(同名)이 같은 소설의 경우 세책본 텍스트가 고정된 채 유통되고 있다는 점을 두 종의 세책 본 『징세비태록』에서도 그대로 볼 수 있다.

고소설 『징세비태록』에서 가장 중요한 문제는 활판본으로 간행되 면서 개작이 이루어졌다는 점이다. 이것은 방각본과 활판본 두 종만 을 대조하면서 얻은 결론이다. 그런데 세책본을 보면 활판본의 특징 으로 거론되는 주인공의 긴 상소문, 노래의 삽입, 인물 외면/내면의 묘사 등이 존재한다. 또한 활판본에서 가장 중요한 특징으로 지적되 는 남강월의 영웅적인 활약상 또한 세책본에서도 그대로 나타난다.

---

28 유춘동, 「서울대 규장각 소장, 토정-약현 세책 고소설 연구」, 『한국문화』 66, 2014. ; 유춘동, 「일본 동양문고 소장 세책 고소설의 성격과 의미」, 『민족문화연구』 64, 2014.

이런 점을 본다면 활판본 『징세비태록』의 특징이라고 지적되는 것들이 사실은 세책본에서 온 것일 가능성이 높다.

세책 고소설의 존재가 확인되면서 얻게 된 가장 큰 수확은 방각본이나 활판본의 특성으로 알려졌던 것들이 사실은 세책 고소설이 원래부터 지녔던 특성이거나 상업출판물과 경쟁하면서 생겨난 것이기 때문에, 현재 상업출판물로 간행된 작품은 작품의 올바른 이해와 해석을 위해서 세책 고소설의 존재를 염두에 두고 작품을 다루어야 한다고 했는데, 이 작품 또한 이러한 지적에 해당되는 작품일 가능성이 높다.

고소설 『징세비태록』은 그동안 고소설 중에 문제작 중의 하나였다. 그래서 그 원인을 작품이 생성된 시대 상황의 측면에서 찾는 것이 대세였다. 그러나 교토대학에 소장된 아현동 세책본을 보면 이러한 주장과 해석이 과도한 것일 수 있다는 점을 보여준다. 즉 내용의 특이함이나 활판본의 특성 등은 세책에서 생겨난 것으로 보인다. 이에 대한 논의는 다시 밝히기로 한다.

4. 마무리와 남는 문제

이상과 같이, 근대 초기에 반출된 전적 또는 고소설에 대한 문제, 특히 조사가 완료된 기관의 보완점, 최근에 조사를 마쳤던 일본 교토대학, 도쿄대학, 러시아 상트페테르부르크 국립대학과 동방학연구소, 영국 케임브리지대학, 런던대학 SOAS에 소장된 고소설을 대상으로, 자료의 특성과 가치를 언급했다.

　그동안 해외소장 한국전적에 대한 조사는 국가기관의 주도로 수차례 이루어졌다. 그러나 고소설은 이 조사 과정에서 늘 제외되어 왔다. 해외의 기관이나 대학에 소장되어 있는 고소설이 중요한 이유는 1970년대 나손 김동욱 선생님이 간행했던『영인고소설판각본전집』을 보면 쉽게 알 수 있다. 이 자료를 통하여 고소설 연구는 방각본 소설, 상업출판물이라는 새로운 영역을 갖게 되었다. 이와 마찬가지로 해외 각 기관이나 대학에 흩어져 있는 고소설은 고소설 연구의 새로운 장을 여는 계기를 제공할 가능성이 많다.

　19세기 서구인들이 한국의 고전문학을 논의할 수 있었던 것은 이러한 토대가 마련되어 있었기 때문에 가능했다. 이 문제를 포함하여 이외 해외 기관에 있는 고소설의 현황, 앞서 제기한 문제는 차후 과제로 넘긴다.

참고문헌

· Peter Kornicki · Haruko Iwagami, *F. V. Dickins' Letters to Ernest M. Satow*, Edition Synapse, 2012.
· Peter Kornicki · Nozomu Hayashi, *Early Japanese Books in Cambridge University Library: A Catalogue of the Aston, Satow and Von Siebold Collections: A Catalogue of the Aston, Satow and Von Siebold Collections*, Cambridge Univ Press, 2012.

· 국립문화재연구소, 『카자흐스탄 국립도서관 소장 한국본』, 국립문화재연구소, 2008.
· 김장동, 「징세비태록 연구」, 『한국문학연구』 14, 1992.
· 모리스 쿠랑 저·이희재 역, 『한국서지』, 일조각, 1994.
· 배숙희, 「중국 운남대학 도서관 소장 고려본(조선본) 선본 고적의 소개」, 『장서각』 16, 2006.
· 신차선, 『징세비태록연구』, 한국교원대 석사학위논문, 2011.
· 옥영정, 「해외 소장 한국본의 정리 현황과 과제」, 서울대 규장각한국학연구원 편, 『해외 한국본 고문헌 자료의 탐색과 검토』, 삼경문화사, 2012.
· 유춘동, 「서울대 규장각 소장, 토정-약현 세책 고소설 연구」, 『한국문화』 66, 2014.
· 유춘동, 「일본 동양문고 소장 세책 고소설의 성격과 의미」, 『민족문화연구』 64, 2014.
· 윤경남, 『민영환과 윤치호, 러시아에 가다(윤치호일기 제4권, 1896년)』, 신앙과 지성사, 2014.
· 이상현, 『한국 고전번역가의 초상: 게일의 고전학 담론과 고소설 번역의 지평』, 소명출판, 2012.
· 이윤석·大谷森繁·정명기, 『세책 고소설 연구』, 혜안, 2003.
· 이윤석·유춘동, 『금향정기』, 경인문화사, 2007.
· 임치균, 「조선후기 소설에 나타난 청나라 지배의 중국에 대한 인식의 변화와 의미」, 『장서각』 24, 2010.
· 전상욱, 「징세비태록 이본연구」, 『동방고전문학연구』 5, 2003.
· 정병설, 「18~19세기 일본인의 조선소설 공부와 조선관」, 『한국문화』 35, 2005.
· 정병설, 「일본 교토대학 소장 새 자료 소개: 한국 고전소설 14종 및 한글번역 〈서상기〉 외」, 『문헌과 해석』 28, 2004.
· 차충환, 「명청 교체와 조선후기 소설」, 『인문학연구』 25, 2014.
· 허경진, 「고소설 필사자 하시모토 쇼요시의 행적」, 『동방학지』 112, 2001.
· 허경진·유춘동, 「러시아상트페테르부르크 국립대학과 동방학연구소에 소장된 조선전적(朝鮮典籍)에 대한 연구」, 『열상고전연구』 36, 2012.
· 허경진·이숙, 「19세기 러시아에서 출판된 조선어독본 〈춘향전〉에 대한 연구」,

『한국민족문화』45, 2012.

• 후쿠이 레이(福井玲), 「오구라문고 목록」, 『해외 한국본 고문헌 자료의 탐색과 검색』, 경인문화사, 2012.

[부록]: 런던 SOAS 소장 고소설의 서지목록

1. EF CD 813/673422. 임장군전林將軍傳
님[임]쟝[장]군젼[전] 권지단
筆寫本
[發行地不明] : [發行處不明], [경ᄌᆞ(1900)]
1冊(39張) ; 26.8 × 17.8 cm
刊記: 딕한 광무 ᄉᆞ년 경ᄌᆞ(1900) 이월 긔망

2. EF CD 813/673421. 오자서전伍子胥傳
伍子胥傳
筆寫本
[發行地不明] : [發行處不明], [發行年不明]
1冊(54張) ; 27.2 × 21.5 cm

3. EF CD 813/673423. 탄금대기彈琴臺記
탄금ᄃᆡ[대]긔[기] 권지일
筆寫本
[發行地不明] : [發行處不明], [發行年不明]
1冊(35張) ; 27.4 × 20.5 cm

4. EF CD 813/673424. 백학선전白鶴扇傳

빅[백]학션[선]젼[전]

筆寫本

[發行地不明] : [發行處不明], [갑술]

1冊(38張) ; 27.4×20.5 cm

合: 삼ᄌ원종긔

5. EF CD 813/673428. 춘향전春香傳

츈[춘]향젼[전] / 白斗鏞 編

木板本

[京城] : [翰南書林], [1920]

1冊(16張) : 四周單邊 半郭 17.7×15.5 cm, 無界, 15行字數不定, 上下向黑魚尾 ; 23.0×18.7 cm

版心題: 츈

6. EF CD 813/673425. 양풍전

양풍젼[전]

筆寫本

[發行地不明] : [發行處不明], [發行年不明]

1冊(37張) ; 28.0×19.0 cm

7. EF CD 813/673429. 창선감의록倡善感義錄

창션[선]감의록 / 趙聖期(朝鮮) 編

筆寫本

[發行地不明] : [發行處不明], [發行年不明]

3冊(零本) ; 33.0×22.0 cm

8. EF CD 813/673428. 강상련江上蓮

강상년[련](江上蓮 沈淸歌講演)

筆寫本

[發行地不明] : [發行處不明], [發行年不明]
1冊(61張) ; 28.0 × 19.0 cm

9. EF CD 813/673431. 화용도華容道
華容道
木板本
[完山] : [全州], [發行年不明]
1冊 ; 25.1 × 16.8 cm
異題: 당양장판교적벽대젼

10. EF CD 813/67343. 삼국지三國志
삼국지 / 卓鐘佶 編
木板本
[完山] : [全州], [發行年不明].
1冊 ; 27.0 × 18.7 cm

11. EF CD 813/673434. 조웅젼趙雄傳
됴[조]웅젼[젼]
木板本
[完山] : [全州], 癸卯(1903)
3卷1冊 ; 27.0 × 19.3 cm
刊記: 癸卯(1903)孟秋完山重刊

찾아보기